우리의 소망이며 믿음입니다.

The Gospel Project for **Adults** is published quarterly by LifeWay Christian Resources,
One LifeWay Plaza, Nashville, TN 37234, Thom S. Rainer, President
ⓒ 2016 LifeWay Christian Resources
Translated and used by permission of LifeWay Christian Resources

This Korean translation edition ⓒ 2018 by Duranno Ministry,
38, Seobinggo-ro 65-gil, Yongsan-gu, Seoul, Republic of Korea
Published by arrangement with LifeWay Christian Resources

가스펠 프로젝트

구약 6

돌아온 하나님의 백성
청장년

지은이 · LifeWay Adults
옮긴이 · 최광일
감수 · 김병훈, 이희성, 신대현
초판 발행 · 2018년 1월 22일
2쇄 발행 · 2019년 9월 30일
등록번호 · 제1988-000080호
등록된 곳 · 서울특별시 용산구 서빙고로65길 38
발행처 · 사단법인 두란노서원
영업부 · 02-2078-3352, 3452, 3781, 3752 FAX 080-749-3705
편집부 · 02-2078-3437
디자인 · 땅콩프레스

책값은 뒤표지에 있습니다.
ISBN 978-89-531-3053-1 04230 / 978-89-531-2694-7(세트)

가스펠 프로젝트 홈페이지 · gospelproject.co.kr
두란노몰 · mall.duranno.com

차례

보존하시는 하나님 Unit 1 에스라, 다니엘

공급하시는 하나님 Unit 2 에스더, 느헤미야, 말라기

6

Exile and Return

발간사

두란노서원을 통해 라이프웨이(LifeWay)의 《가스펠 프로젝트》 성경 공부 교재 시리즈를 발간할 수 있도록 인도하신 하나님께 감사드립니다. 험한 소리로 가득한 세상에 이 책을 다릿돌처럼 놓습니다. 우리 삶은 말씀을 만난 소리로 풍성해져야 합니다. 주님을 만난 기쁨의 소리, 진실 앞에서 탄식하는 소리, 죄를 씻는 울음소리, 소망을 품은 기도 소리로 가득해야 합니다.

《가스펠 프로젝트》는 신구약을 관통하는 예수 그리스도의 복음을 발견하고, 그 가르침을 삶에 적용하는 지혜를 얻도록 기획한 성경 공부 교재입니다. 어린아이부터 어른에 이르기까지 생애주기에 따른 복음 메시지를 잘 배울 수 있습니다. 또한 거짓 진리가 미혹하는 이 시대에 건강한 신학과 바른 교리로 말씀을 조명해 성도의 신앙이 좌로나 우로나 치우치지 않도록 돕습니다.

두란노서원은 지금까지 "오직 성경, 복음 중심, 초교파적 관점"을 바탕으로 한국 교회와 성도를 꾸준히 섬겨 왔습니다. 오직 성경의 정신에 입각해 책과 잡지를 출판해 왔으며, 성경에 근거한 복음 중심의 신학을 포기한 적이 없습니다. 그리고 교단과 교파를 초월해 교회와 성도가 하나님 나라를 바라볼 수 있도록 돕기 위해 노력해 왔습니다. 《가스펠 프로젝트》는 두란노가 지켜 온 세 가지 가치를 충실하게 담은 책입니다.

성경은 구원을 위한 책이며, 구원사의 주인공은 예수 그리스도입니다. 창세기부터 요한계시록까지 오직 예수 그리스도의 복음만을 전하는 《가스펠 프로젝트》 성경 공부 교재를 통해 복음의 은혜와 진리를 깊이 경험하고, 복음 중심의 삶이 마음 판에 새겨지기를 바랍니다. 그리고 예수 그리스도 복음에 굳게 선 한 사람의 영향력이 가정과 교회와 사회에 흘러감으로써 거룩한 하나님 나라가 확산되어 가기를 소망합니다.

두란노서원 원장 이 형 기

감수사

두란노가 출간하는《가스펠 프로젝트》는 무엇보다도 전통적으로 교회가 풀어 온 흐름을 충실히 따라 성경을 해설하고 있습니다. 그리고 그 방향은 궁극적으로 예수 그리스도를 향해 나아가고 있습니다. 이것은 예수님이 구약과 신약의 모든 성경이 자신을 가리키고 있다고 하신 말씀에 비추어 매우 타당한 것입니다. 게다가 그리스도 중심적 해설을 무리하게 전개하지 않습니다. 각 본문에서 하나님의 구원 언약과 그것을 실현하시는 하나님을 드러내면서, 그리스도의 예표적 설명이 가능한 사건을 놓치지 않고 풀어내고 있습니다.

성경 공부 교재는 명시적으로 혹은 암시적으로 제시하는 교리적 진술이 교리 체계상 건전해야 합니다.《가스펠 프로젝트》는 99개 조에 이르는 핵심교리들을 일목요연하게 제시해 교리의 건전성을 확인할 수 있도록 도움을 줍니다.《가스펠 프로젝트》의 교리는 교파를 막론하고, 예수 그리스도의 복음에 충실한 복음주의 교회들에게 환영받을 만합니다. 물론 교파마다 약간의 이견을 갖는 부분들이 있을 수 있겠지만, 각 교회에서 교재를 활용하는 데는 무리가 없을 것입니다.《가스펠 프로젝트》의 특징은 각 과에서 학습한 내용을 핵심교리와 연결해 주며, 그 결과 그리스도의 복음에 관한 교리적 이해를 강화시킨다는 데 있습니다.

끝으로《가스펠 프로젝트》는 어떤 성경 주해서나 교리 학습서가 갖지 못하는 훌륭한 장점을 가지고 있습니다. 그것은 학습자를 하나님과 그리스도의 복음 앞으로 이끌며, 자신의 신앙과 삶을 돌아보도록 하는 적용의 적실성과 훈련의 효과입니다. 아울러 본문과 관련해 교회사적으로 또 주석적으로 중요한 신학자와 목사의 어록과 주석을 제시하고, 심화토론 질문들(인도자용)과 선교적 안목을 열어 주는 적용 질문들을 더해 준 것은《가스펠 프로젝트》에서 얻을 수 있는 큰 유익입니다.

추천할 만한 마땅한 성경 공부 교재를 찾기가 쉽지 않은 현실에서《가스펠 프로젝트》는 성경을 개괄적으로 매주 한 과씩 3년의 기간 동안 일목요연하게, 그리고 그리스도 중심적으로 공부하도록 이끌어 준다는 점에서, 한국 교회의 기초를 성경 위에 놓는 일에 큰 공헌을 할 것으로 믿어 의심치 않습니다.

김병훈 _ 합동신학대학원대학교 조직신학 교수

"보라 날이 이를지라 내가 기근을 땅에 보내리니 양식이 없어 주림이 아니며 물이 없어 갈함이 아니요 여호와의 말씀을 듣지 못한 기갈이라"(암 8:11). 주전 8세기 아모스 선지자의 외침이 오늘 이 시대에 다시 메아리쳐 오고 있습니다. 두란노의《가스펠 프로젝트》는 성도들이 겪고 있는 영적인 갈증과 혼란을 해소해 줄 수 있는 유익한 성경 공부 교재입니다.

첫째,《가스펠 프로젝트》는 성경 전체 흐름과 문맥에 따라 구성되어 성경의 큰 그림을 볼 수 있도록 도와줍니다. 또 성경 각 본문의 의미를 깊이 이해할 수 있도록 해당 분야의 전문 성경 신학자들의 주석적 견해를 잘 소개하고 있습니다. 둘째, 본문 연구와 함께 관련 핵심교리들을 적절하게 소개해 성경과 교리를 연결할 수 있습니다. 또 모든 세션에서 그리스도와의 연결점을 찾아 제시함으로써 구약 본문을 통해서도 복음을 깨달을 수 있습니다. 성경 공부 전 과정을 마치면 성도들이 복음에 대한 견고한 믿음을 가지게 될 것입니다. 셋째, 성경 공부 적용의 초점을 선교에 맞추어 성도들이 삶의 현장에서 복음의 증인으로서의 사명을 감당할 수 있게 도와줍니다. 마지막으로 주일학교에서 장년에 이르기까지 동일한 주제와 본문으로 성경을 공부하도록 구성했기 때문에 모든 교인이 한 말씀 안에서 한 믿음의 공동체를 이루며 성숙해 가는 영적 부흥을 경험하게 될 것입니다.

두란노의 《가스펠 프로젝트》를 통해 말씀이 갈급한 기근의 시대에 영적 해갈의 기쁨을 경험하시기 바랍니다.

이희성 _ 총신대학교 신학대학원 구약학 교수

✝ 《가스펠 프로젝트》는 성경 안에 나타난 하나님의 구원 계획-실행-완성이라는 일련의 진행을 잘 요약한 말입니다. 구원의 소식은 예수 그리스도께서 오셨을 때 비로소 전해진 것이 아니라 창세 이전에 그리스도 안에서 하나님의 지혜로 계획된 것입니다. 이 복음 계획은 구약 역사가 진행되면서 더 구체적으로 알려졌고, 하나님의 아들 예수 그리스도께서 이 땅에 오심으로써 완전히 드러났습니다. 이 복음으로 하나님의 백성이 모두 구원을 받을 것이며, 그제야 세상에 끝이 오고 하나님의 가스펠 프로젝트는 완성될 것입니다.

《가스펠 프로젝트》는 이러한 큰 그림을 염두에 두고 시대를 따라 진행되는 하나님의 구원 계획을 체계적으로 다루고 있습니다. 각 세션

의 시작과 끝에 두 개의 푯대, 즉 '신학적 주제'와 '그리스도와의 연결'을 제시해 세션이 다루는 내용이 구원 역사의 큰 진행에서 어느 지점에 해당되는지 알려 줍니다. '신학적 주제'는 본문에서 하나님의 가스펠 프로젝트의 어느 지점에 주목해야 하는지 알려 주며, '그리스도와의 연결'은 이 지점이 가스펠 프로젝트 전체와 어떻게 연결되는지 확인시켜 줍니다. 가스펠 프로젝트의 부분과 전체를 아는 지식을 동시에 배워 가면서 이 시대를 향한 단기 비전과 앞으로 임할 하나님 나라에 대한 장기 비전을 함께 가질 수 있습니다. 《가스펠 프로젝트》는 이 비전들을 구체적으로 가질 수 있도록 매 세션 끝에 '하나님의 계획, 우리의 사명'을 두고 있습니다.

《가스펠 프로젝트》의 또 다른 큰 특징은 교회 안에 여러 세대를 그리스도 안에서 하나님의 말씀으로 연결해 준다는 것입니다. 장년, 청소년, 그리고 어린이들이 매주 동일한 본문 말씀을 배움으로써 그리스도 안에서 하나의 교회 전통을 세워 갈 수 있으며, 교회와 가정에서 동일한 하나님의 말씀으로 소통하며 언어가 같은 하나님 나라 백성의 삶을 체험할 수 있습니다.

《가스펠 프로젝트》는 성경의 한 부분에만 머물러 있는 우리의 생각을 그리스도 안에서 넓혀 주고, 분열된 세대들의 생각을 그리스도 안으로 모아 줍니다. 한국 교회 성도들이 《가스펠 프로젝트》를 통해 예수 그리스도를 아는 지식에서 자라 가고, 모든 믿음의 세대가 그리스도 안에서 아름다운 신앙의 전통을 이어 가는 일들이 일어나길 소망합니다.

신대현 _《가스펠 프로젝트》주 강사

추천사

✢ 우리 시대의 전 세계적 교회 부흥은 두 가지 샘을 가지고 있습니다. 한 샘은 오순절 부흥 운동의 샘입니다. 이 샘으로 많은 시대의 목마른 영혼들이 목마름을 해갈했습니다. 또 하나의 샘은 성경 연구의 샘입니다. 남침례교 주일학교 운동은 이 샘의 개척자입니다. 이 샘으로 지금도 많은 성도가 목마름을 해갈하고 있습니다. 미국 남침례교 라이프웨이 출판사는 이러한 사역을 충실히 감당해 왔습니다. 《가스펠 프로젝트》는 모든 필요를 공급하는 원천이 될 것입니다. 《가스펠 프로젝트》로 한국 교회의 목마름이 해갈되기를 기도합니다. 《가스펠 프로젝트》는 쉬우면서도 결코 피상적이지 않습니다. 믿음의 단계를 따라 하나님의 자녀들에게 꼭 필요한 복음의 진수를 맛보게 해 줄 것입니다. 이 체계적인 교재로 이 땅에 새로운 영적 르네상스가 일어나기를 기대합니다.

이동원 _ 지구촌교회 원로 목사, 지구촌 미니스트리 네트워크 대표

✢ 《가스펠 프로젝트》는 예수 그리스도 중심, 즉 복음 중심의 제자 양육 교재입니다. 복음은 구원하는 능력뿐만 아니라 삶을 변화시키는 능력입니다. 성도들을 변화와 성숙으로 이끌어 주는 귀한 교재가 조국 교회와 이민 교회에 소중하게 쓰임받기를 바랍니다. 특별히 이민 2세들은 영어 교재 원본을 사용할 수 있는 까닭에 큰 도움이 될 것입니다.

강준민 _ LA 새생명비전교회 담임 목사

✢ 성경은 예수 그리스도를 중심으로 하는 하나님의 구원 이야기입니다. 성경을 가르치는 일은 하나님의 구원에 동참하는 하나님의 사람을 만드는 일이며, 하나님의 사람의 탁월한 모델은 바로 예수 그리스도입니다. 《가스펠 프로젝트》는 예수 그리스도를 중심으로 성경을 배웁니다. 성경이 어떻게 그리스도와 연결되어 있는지, 또 성도의 삶이 그리스도를 중심으로 하는 하나님의 구원 계획에 어떻게 연결되어야 하는지 구체적으로 제시합니다.

특히 《가스펠 프로젝트》는 하나의 본문을 각 연령에 맞게 구성한 교재를 제공해 하나의 본문으로 전 세대를 연결하고, 가정과 교회를 하나 되게 합니다. 신앙의 전수가 중요한 시대에 성도와 교회와 가정이 한마음으로 다음 세대를 준비시키기에 적합합니다. 특히 가정에서 부모가 자녀와 말씀으로 대화를 나눌 수 있게 해 자녀 신앙 교육에 도움이 될 것입니다.

《가스펠 프로젝트》가 주일학교부터 장년에 이르기까지 전 교회와 성도의 각 가정에서 사용되어 예수 그리스도를 통한 하나님의 가스펠 프로젝트가 성취되기를 기도하면서 기쁨과 확신으로 추천합니다.

이재훈 _ 온누리교회 담임 목사

✝ 하나님의 말씀은 생명을 살리고 힘 있게 하는 능력이 있습니다. 그래서 사역 현장에서는 그것을 효율적으로 전해 주고 가르칠 수 있는 좋은 방법과 교재에 늘 목말라합니다. 그런 점에서 연령대에 맞게 체계적으로 준비되어 사역 현장의 필요를 잘 충족해 줄 교재가 출간되어 기쁩니다. 사역의 현장에서 유용하게 활용되어 복음의 생명력과 역동성을 누리게 되기를 기대하며 추천합니다.

김운용 _ 장로회신학대학교 실천신학 교수

✝ 성경은 하나님의 말씀입니다. 말씀 중의 말씀, 복음은 예수 그리스도이십니다. 《가스펠 프로젝트》는 하나님의 말씀으로 우리를 초청해서 예수 그리스도를 만나게 하고 사랑하게 만드는 훌륭한 교재입니다. 《가스펠 프로젝트》의 매력은 하나의 커리큘럼을 가지고 연령대에 적합하게 공부하도록 제공한다는 점입니다. 자녀들이 교회 학교에서, 부모들이 소그룹에서 말씀을 공부한 후 저녁 식탁에 둘러앉아 예수님에 관해 함께 나눌 수 있다는 것은, 상상만 해도 너무나도 멋지고 복된 일입니다.

김지철 _ 전 소망교회 담임 목사

✝ 예수님은 친히 요한복음 5장 39절에서, 모든 성경은 예수님 자신에 대한 증거라고 말씀하셨습니다. 그럼에도 불구하고, 성도들은 그 속에서 예수님이라는 보석을 쉽게 찾아내지 못하고 있습니다. 《가스펠 프로젝트》는 신앙생활을 출발하는 어린이부터 장년까지 이런 눈을 활짝 열어 주는 놀라운 교재입니다. 요람에서부터 무덤까지 각 연령대에 맞게 구성된 《가스펠 프로젝트》 성경 공부 교재를 통해, 한국 교회와 이민 교회가 잃어버린 예수님을 다시 발견함으로 견고하게 되기를 바랍니다.

최병락 _ 강남중앙침례교회 담임 목사

✝ 성경을 공부한다는 것은 성경에 기록된 사실을 배우는 것이 아니라 성경이 가르치는 교리를 배우는 것입니다. 왜냐하면 성경은 독자에게 어떤 새로운 정보를 주기 위해 인간이 쓴 책이 아니라, 죄인인 인간에게 구원을 주기 위해 하나님이 쓰신 말씀이기 때문입니다. 그런데 이 구원의 도리인 교리를 성경 본문을 통해 배우기가 쉽지 않기 때문에 좋은 안내서가 필요합니다. 이번에 출간된 《가스펠 프로젝트》는 이와 같은 역할을 탁월하게 수행하고 있기 때문에 기쁜 마음으로 추천합니다.

이성호 _ 고려신학대학원 역사신학 교수

활용법

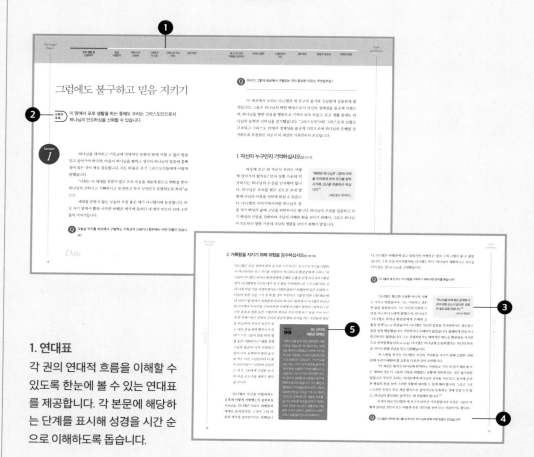

1. 연대표
각 권의 연대적 흐름을 이해할 수 있도록 한눈에 볼 수 있는 연대표를 제공합니다. 각 본문에 해당하는 단계를 표시해 성경을 시간 순으로 이해하도록 돕습니다.

2. 신학적 주제
하나님이 구속사에서 행하신 일에 초점을 맞춰 본문을 이해하도록 주제를 제시해 본문의 흐름을 놓치지 않도록 돕습니다.

3. 명언 등
세계 기독교 역사에서 영향력 있는 인물들의 명언이나 글 가운데 세션의 주제와 관련 있는 내용을 발췌해 제공합니다.

4. 관찰 질문
본문을 구체적으로 이해하도록 하는 질문을 제공합니다. 이를 통해 생각의 폭을 넓히고 성경의 진리를 실제적으로 받아들이는 데 도움을 받을 수 있습니다.

5. 핵심교리 99
기독교 교리 가운데 핵심이 되는 99개의 내용을 추려 각 세션에 해당하는 교리를 제시합니다. 성경 본문에 대한 신학적 이해를 넓히는 데 도움을 받을 수 있습니다.

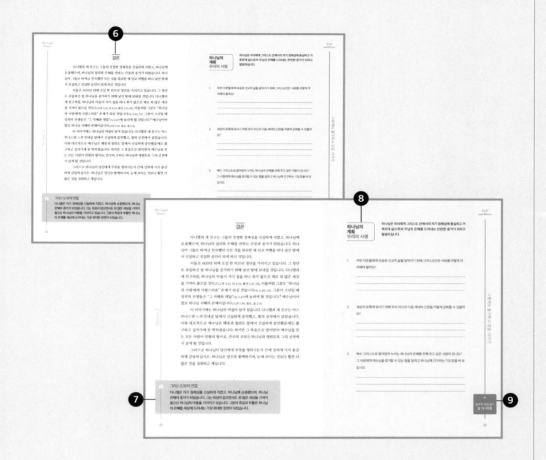

6. 결론
각 세션의 포인트를 정리하고 예수 그리스도와 연결
해 세션의 결론을 제시합니다.

7. 그리스도와의 연결
해당 본문과 주제가 어떻게 예수 그리스도를 가리
키며 연결되는지 자세히 살핍니다. 예수님과 각 세
션 포인트의 상관성을 발견할 수 있도록 돕습니다.

8. 하나님의 계획, 우리의 사명
각 세션에서 드러난 하나님의 계획을 우리의 사명
과 연결해 말씀을 구체적으로 삶에 적용하도록 돕
습니다.

9. 금주의 성경 읽기
각 세션의 연대기적 흐름에 맞춰 한 주 동안 읽을 성
경 본문을 제공합니다.

보존하시는
하나님

에스라, 다니엘

Unit 1

암송 구절

왕이여 우리가 섬기는 하나님이 계시다면 우리를 맹렬히 타는 풀무 불 가
운데에서 능히 건져내시겠고 왕의 손에서도 건져내시리이다 그렇게 하지
아니하실지라도 왕이여 우리가 왕의 신들을 섬기지도 아니하고 왕이 세
우신 금 신상에게 절하지도 아니할 줄을 아옵소서
다니엘 3장 17~18절

그럼에도 불구하고 믿음 지키기

신학적 주제 이 땅에서 포로 생활을 하는 중에도 우리는 그리스도인으로서 하나님의 인도하심을 신뢰할 수 있습니다.

Session 1

하나님을 대적하고 기독교에 적대적인 문화의 땅에 어쩔 수 없이 발을 딛고 살아가야 한다면, 마음이 하나님을 향하고 생각이 하나님의 말씀에 흠뻑 젖어 있는 것이 매우 중요합니다. 사도 바울은 초기 그리스도인들에게 이렇게 말했습니다.

"너희는 이 세대를 본받지 말고 오직 마음을 새롭게 함으로 변화를 받아 하나님의 선하시고 기뻐하시고 온전하신 뜻이 무엇인지 분별하도록 하라"(롬 12:2).

세대를 본받지 않는 모습의 가장 좋은 예가 다니엘서에 등장합니다. 바로 자기 땅에서 뽑혀 사악한 바벨론 제국에 끌려간 네 명의 히브리 10대 소년들의 이야기입니다.

Q 오늘날 우리를 세상에서 구별하는 기독교적 신념이나 행위에는 어떤 것들이 있습니까?

Date . .

Q 우리가 그렇게 세상에서 구별되는 것이 중요한 이유는 무엇일까요?

이 세션에서 우리는 다니엘과 세 친구의 용기와 신실함에 감동하게 될 것입니다. 그들은 하나님의 택한 백성으로서 자신의 정체성을 올곧게 지켰으며, 하나님을 향한 믿음을 행동으로 기꺼이 보여 주었고, 포로 생활 중에도 하나님의 능력과 선하심을 증거했습니다. '그리스도인'이란 그리스도의 보혈로 구속되고 그리스도 안에서 정체성을 올곧게 지킴으로써 하나님의 은혜를 증거하도록 부름받은 자로서 이 세상의 거류민이자 포로입니다.

1. 자신이 누구인지 기억하십시오(단 1:1~7)

세상에 포로 된 자로서 우리는 어떻게 살아가야 할까요? 먼저 상황 가운데 역사하시는 하나님의 손길을 인지해야 합니다. 하나님은 우리를 힘든 곳으로 보내 열방에 주님의 이름을 전하게 하실 수 있습니다. 다니엘의 이야기에서처럼 하나님은 종

"때때로 하나님은 그분의 자비를 우리에게 부어 주기를 원하시기에 고난을 허용하곤 하십니다."[1]

_데일 랄프 데이비스

종 자기 백성의 삶에 고난을 허락하시곤 합니다. 하나님의 주권을 입증하고 자기 백성의 신앙을 강화하며 주님의 지혜와 힘을 보이기 위해서, 그리고 하나님이 인도하신 열방 가운데 주님의 영광을 보이기 위해서 말입니다.

¹유다 왕 여호야김이 다스린 지 삼 년이 되는 해에 바벨론 왕 느부갓네살이 예루살렘에 이르러 성을 에워쌌더니 ²주께서 유다 왕 여호야김과 하나님의 전 그릇 얼마를 그의 손에 넘기시매 그가 그것을 가지고 시날 땅

그럼에도 붙구하고 믿음 지키기

15

자기 신들의 신전에 가져다가 그 신들의 보물 창고에 두었더라 [3]왕이 환관장 아스부나스에게 말하여 이스라엘 자손 중에서 왕족과 귀족 몇 사람 [4]곧 흠이 없고 용모가 아름다우며 모든 지혜를 통찰하며 지식에 통달하며 학문에 익숙하여 왕궁에 설 만한 소년을 데려오게 하였고 그들에게 갈대아 사람의 학문과 언어를 가르치게 하였고 [5]또 왕이 지정하여 그들에게 왕의 음식과 그가 마시는 포도주에서 날마다 쓸 것을 주어 삼 년을 기르게 하였으니 그 후에 그들은 왕 앞에 서게 될 것이더라 [6]그들 가운데는 유다 자손 곧 다니엘과 하나냐와 미사엘과 아사랴가 있었더니 [7]환관장이 그들의 이름을 고쳐 다니엘은 벨드사살이라 하고 하나냐는 사드락이라 하고 미사엘은 메삭이라 하고 아사랴는 아벳느고라 하였더라

얼핏 보기에는 하나님의 백성이 침략을 받아 포로로 붙잡혀 간 것 같습니다. 그러나 다른 측면에서 보면, 하나님의 백성이 이제 대적의 땅에서 주님의 빛을 자유롭게 비출 수 있게 되었다는 것을 알 수 있습니다. 시날로도 알려진 바벨론은 하늘과 땅을 연결하는 탑 형태의 신전인 지구라트(직사각형 또는 정사각형의 계단식으로 만들어진 '타워형 신전'을 뜻합니다. 주로 메소포타미아 지역에서 건축되었습니다. - 역주)의 땅이었습니다(창세기 11장의 바벨탑을 기억해 보십시오). 우상으로 가득한 이 땅에 이제 하나님의 '군대'가 잠입하게 된 것입니다. 이스라엘은 압제당하고 그 백성은 뿔뿔이 흩어질 테지만, 열방은 그들 가운데 오직 한 분, 살아계신 참 하나님을 증거하는 증인을 갖게 되었습니다.

Q 현재 상황이 우연이 아님을 기억하는 것은 하나님 백성의 선교사적 정체성에 어떤 영향을 미칩니까?

_____

_____

하나님의 백성은 바벨론에서 빛과 소금의 역할을 하기 위해 그들을 하나님에게서 멀어지게 할 문화적 도전에 대비해야 했습니다.	그리스도인을 세속화하는 전략에는 어떤 것들이 있습니까?
분리: 바벨론의 첫 번째 전략은 히브리인들의 취약한 부분을 건드리는 것이었습니다. 즉 고향, 가족, 친구 등 그들에게 친숙한 모든 것으로부터 분리시키고자 했습니다(3절). 시간이 지나면 그들은 자기 신앙을 버리고 바벨론 사람처럼 될 것이기 때문입니다.	
교화: 두 번째 전략은 히브리 청년들을 3년간 교육 기관에 집어넣어 그들을 바벨론 식으로 교화하는 것이었습니다. 즉 그들에게 바벨론의 종교, 철학, 언어, 문학, 역사, 과학 등을 가르쳐 바벨론 전문가로 양성하는 것입니다(4~5절).	
동화: 세 번째 전략은 별미와 새로운 삶이 주는 특권으로 유혹해, 바벨론 사람들처럼 먹고 마시게 함으로써 그들의 생각과 삶의 방식을 바꾸게 하는 것이었습니다(5절). 이 방법으로 그들을 무너뜨려 악의 세계로 끌어들이려 한 것입니다.	
혼동: 네 번째 전략은 히브리 청년들에게 새 이름을 지어 주는 것이었습니다(7절). 고대 세계에서 이름이란 곧 그 사람의 정체성이었으므로, 이름을 바꾸는 것은 과거에서 벗어나 바벨론의 이방 신들을 섬기도록 그들의 삶을 재조정하는 방법이었습니다(벨드사살, 사드락, 메삭, 아벳느고).	

Q 우리를 변화시키려는 문화의 압력에 직면할 때, 어떻게 하면 그리스도 안에서 우리의 정체성을 강화할 수 있을까요?

2. 거룩함을 지키기 위해 위험을 감수하십시오 (단 1:8~16)

8다니엘은 뜻을 정하여 왕의 음식과 그가 마시는 포도주로 자기를 더럽히지 아니하리라 하고 자기를 더럽히지 아니하도록 환관장에게 구하니 9하나님이 다니엘로 하여금 환관장에게 은혜와 긍휼을 얻게 하신지라 10환관장이 다니엘에게 이르되 내가 내 주 왕을 두려워하노라 그가 너희 먹을 것과 너희 마실 것을 지정하셨거늘 너희의 얼굴이 초췌하여 같은 또래의 소년들만 못한 것을 그가 보게 할 것이 무엇이냐 그렇게 되면 너희 때문에 내 머리가 왕 앞에서 위태롭게 되리라 하니라 11환관장이 다니엘과 하나냐와 미사엘과 아사랴를 감독하게 한 자에게 다니엘이 말하되 12청하오니 당신의 종들을 열흘 동안 시험하여 채식을 주어 먹게 하고 물을 주어 마시게 한 후에 13당신 앞에서 우리의 얼굴과 왕의 음식을 먹는 소년들의 얼굴을 비교하여 보아서 당신이 보는 대로 종들에게 행하소서 하매 14그가 그들의 말을 따라 열흘 동안 시험하더니 15열흘 후에 그들의 얼굴이 더욱 아름답고 살이 더욱 윤택하여 왕의 음식을 먹는 다른 소년들보다 더 좋아 보인지라 16그리하여 감독하는 자가 그들에게 지정된 음식과 마실 포도주를 제하고 채식을 주니라

다니엘이 자신을 더럽히려는 유혹에 어떻게 저항했는지 살펴보십시오 (8절). 다니엘은 이교도 바벨론의 세계로 들어갔지만, 그것이 그의 마음과 생각을 집어삼키지는 못했습니

> **핵심교리 99**
>
> ### 82. 신자의 새로운 정체성
>
> 그리스도를 믿게 되면 정체성이 근본적으로 변합니다. 하나님의 진노 아래 있는 원수의 신분(엡 2:1-3)에서 하나님의 권속, 사랑받는 자녀의 신분(엡 2:19)으로 변화되는 것입니다. 그리스도를 믿는 자는 그리스도의 완전한 삶과 대속적 죽음, 부활에 근거해 의롭다고 선포됩니다. 그는 더 이상 죄의 종이 아니며, 과거의 실패들이나 현재의 분투로 규정되지 않습니다. 그는 흑암의 영역에서 건져냄을 받아 빛의 나라에 속하게 되었습니다(골 1:13). 누구든지 그리스도 안에 있으면 '새로운 피조물'입니다(고후 5:17). 새로운 피조물 안에서 이전의 죄 된 자아는 죽고 새롭게 된 구원받은 자아가 살아서 성장하며 더욱더 그리스도를 닮아 갑니다.

다. 다니엘은 바벨론에 살고 있었지만, 바벨론은 결코 그의 고향이 될 수 없었습니다. 그의 조상 아브라함처럼, 다니엘도 역시 "하나님이 계획하시고 지으실 터가 있는 성"(히 11:10)을 고대했습니다.

 Q 다니엘과 세 친구는 이 타협을 거부하기 위해 어떤 준비를 했습니까?

다니엘은 확고한 신념뿐 아니라 지혜도 가지고 있었습니다. 그는 거룩하고 겸손한 삶을 살았습니다. 그는 자신의 신앙과 신념을 아스부나스에게 밝혔으며, 하나님은 "다니엘로 하여금 환관장에게 은혜와 긍휼을 얻게"(단 1:9) 하셨습니다. 다니엘은 자신의 입장을 견지하면서도 겸손하고 품위 있게 행동했습니다. 거만하거나 무례하지 않았습니다. 불쾌하게 만들거나 완고하지도 않았습니다. 그는 친절하면서도 매력적인 태도로 환관장을 자기편으로 끌어들였습니다(10~16절). 다니엘은 하나님께 순종하겠다는 자신의 약속을 지키기 위해 주님을 믿고 신뢰했습니다.

> "하나님을 위해 쌓는 공적에 극한의 위험 요소가 없다면, 믿음은 필요 없을 것입니다."[3]
> _허드슨 테일러

척 스윈돌 목사는 다니엘이 자신의 거룩함을 지키기 위해 모험한 것에 관해 우리가 배워야 할 교훈을 다음과 같이 요약합니다.

"이 세상은 왕이신 하나님께 반역하는 사람들로 가득 차 있기 때문에 모든 세대의 성도가 그들의 신앙을 위협받는 상황에 처하게 되는 것은 불가피한 일입니다. 부모인 우리는 자녀들에게 하나님의 진리를 가르치고, 동시에 온전한 행실의 본을 보여 그러한 상황에 대비할 수 있게 해야 합니다. 그리고 그리스도인인 우리는 모두 세상 방식으로 살아가도록 유혹하는 것에 신경 쓰지 말고, 하나님의 방식대로 살아가는 데 전념해야 합니다."[2]

이것이 바로 다니엘과 세 친구가 보여 준 가르침입니다. 이것은 그들이 어떻게 살아갈 것인지 또는 어떻게 죽을 것인지를 보여 주는 지표이기도 합니다.

 Q 다니엘은 이러한 용기를 갖게 하신 하나님에 관해 어떤 믿음이 있었습니까?

거룩함에 대한 헌신은 하나님의 선하심과 능력에 관한 우리의 신뢰를 어떤 식으로 보여 줍니까?

3. 하나님의 은혜를 증거할 방법을 찾으십시오(단 1:17~21)

17 하나님이 이 네 소년에게 학문을 주시고 모든 서적을 깨닫게 하시고 지혜를 주셨으니 다니엘은 또 모든 환상과 꿈을 깨달아 알더라 18 왕이 말한 대로 그들을 불러들일 기한이 찼으므로 환관장이 그들을 느부갓네살 앞으로 데리고 가니 19 왕이 그들과 말하여 보매 무리 중에 다니엘과 하나냐와 미사엘과 아사랴와 같은 자가 없으므로 그들을 왕 앞에 서게 하고 20 왕이 그들에게 모든 일을 묻는 중에 그 지혜와 총명이 온 나라 박수와 술객보다 십 배나 나은 줄을 아니라 21 다니엘은 고레스왕 원년까지 있으니라

다니엘서 1장에서 하나님은 세 번 무언가를 주시는데(참조, 2, 9절) 세 번째 경우인 17절에서는 다니엘과 세 친구에게 "학문을 주시고 모든 서적을 깨닫게 하시고 지혜를" 주셨습니다. 하나님의 관점에서 그들은 이 세상과 삶을 바라보고, 그에 따라 행동할 수 있는 능력을 가진 "잠언의 사람"들이었습니다.

하나님은 "모든 환상과 꿈"을 깨달아 알 수 있는 능력을 다니엘에게 주심으로써 그에게 영적인 복을 주셨습니다(17절). 하나님이 주신 이 은사의 놀라운 가치는 2장 이후의 내용에서 입증될 것입니다(참조, 4:4~27; 5:11~31; 7:1~8:27; 9:20~27; 10:1~12:13).

 세상에서는 지혜를 찾기가 어렵습니다. 그리스도인의 지혜는 어떤 식으로 하나님께 영광을 돌려 드립니까?

Q 그리스도인의 지혜는 세상에서 어떤 식으로 일을 개선해 나갑니까?

_____

_____

3년의 교육 과정이 끝나자 환관장이 네 명의 히브리 소년들을 느부갓네살왕 앞으로 데려가 세웠습니다(18절). 그들은 다른 모든 소년보다 단연 뛰어났습니다. 무리 중에 다니엘과 하나냐와 미사엘과 아사랴와 같은 자가 없었으므로, 그들은 왕궁에서 일하게 되었습니다(19절). 곧장 왕궁으로 불려갈 정도로 왕에게 깊은 인상을 준 것입니다! 느부갓네살은 그들이 자신을 대신해 일을 잘 할 것이라고 확신하고, 그들에게 중요한 관직을 내려 주었습니다.

이 이야기에서 우리는 골로새서 3장의 기본 원칙을 이미 살아내고 있었던 젊은이들을 봅니다.

"무슨 일을 하든지 마음을 다하여 주께 하듯 하고 사람에게 하듯 하지 말라 이는 기업의 상을 주께 받을 줄 아나니 너희는 주 그리스도를 섬기느니라"(골 3:23~24).

그렇습니다. 우리는 먹든지 마시든지 무엇을 하든지 하나님의 영광을 위해 해야 합니다(고전 10:31). 다니엘 1장 21절은 주석

> "하나님은 주님의 말씀을 굳게 붙드는 사람을 버리지 않으십니다. 이를 통해 사람이 떡으로만 사는 것이 아니라 하나님의 입으로부터 나오는 모든 말씀으로 살 것이라는 진리가 분명해집니다."[4]
>
> _하인리히 불링거

이라기보다 하나님께 신실함으로써 다니엘이 누렸던 장수와 오랜 사역을 요약한 것입니다.

Q 믿음의 조상들의 은혜로운 증언은 하나님과 동행하는 데 어떤 영향을 줍니까?

_____

_____

Q 하나님과 동행하는 삶은 다음 세대에 어떤 영향을 줄까요?

_____

_____

결론

다니엘과 세 친구는 그들의 진정한 정체성을 신실하게 지켰고, 하나님께 순종했으며, 하나님의 섭리와 은혜를 전하는 간증과 증거가 되었습니다. 하나님이 그들로 하여금 친숙했던 모든 것을 뒤로한 채 선교 여행을 떠나 낯선 땅에서 신실하고 진실한 증인이 되게 하신 것입니다.

이들은 600년 뒤에 오실 한 히브리 청년을 가리키고 있습니다. 그 청년도 유일하신 참 하나님을 증거하기 위해 낯선 땅에 보내질 것입니다. 다니엘과 세 친구처럼, 하나님의 아들이 자기 집을 떠나 죄가 없으신 채로 죄 많은 세상을 기꺼이 품으실 것이고(고후 5:21; 히 4:15; 벧전 2:21~25), 이들처럼 그분도 "하나님과 사람에게 사랑스러운" 존재가 되실 것입니다(눅 2:40, 52). 그분이 소년일 때 성전의 선생들은 "그 지혜와 대답"(눅 2:47)에 놀라게 될 것입니다.[5] 예수님이야말로 하나님 지혜의 본체이십니다(고전 1:30. 참조, 골 2:3).

이 이야기에는 하나님의 역설이 담겨 있습니다. 다니엘과 세 친구는 아스부나스와 느부갓네살 앞에서 신실하게 증언했고, 왕의 궁전에서 살았습니다. 이와 대조적으로 예수님은 헤롯과 빌라도 앞에서 신실하게 증언했음에도 불구하고 십자가에 못 박히셨습니다. 하지만 그 죽음으로 말미암아 예수님을 믿는 모든 사람이 만왕의 왕이요, 만주의 주되신 하나님과 영원토록 그의 궁전에서 살게 될 것입니다.

그러므로 하나님이 당신에게 무엇을 명하시든지 간에 강하게 서서 용감하게 감당하십시오. 하나님은 당신과 함께하시며, 눈에 보이는 것보다 훨씬 더 많은 것을 성취하고 계십니다.

그리스도와의 연결

다니엘은 자기 정체성을 신실하게 지켰고, 하나님께 순종했으며, 하나님 은혜의 증거가 되었습니다. 그는 죄성이 없으면서도 죄 많은 세상을 기꺼이 품으신 하나님의 아들을 가리키고 있습니다. 그분의 죽음과 부활은 하나님의 은혜를 세상에 드러내는 가장 위대한 장면이 되었습니다.

하나님의
계획
우리의 사명

하나님은 우리에게 그리스도 안에서의 자기 정체성에 충실하고 거룩하게 삶으로써 주님의 은혜를 드러내는 찬란한 증거가 되라고 말씀하십니다.

1. 주변 이웃들에게 파송된 선교적 삶을 살아가기 위해 그리스도인은 서로를 어떻게 격려해야 할까요?

    _____

    _____

    _____

2. 세상의 유혹에 맞서기 위해 우리 자신과 다음 세대의 신앙을 어떻게 강화할 수 있을까요?

    _____

    _____

    _____

3. 예수 그리스도로 말미암아 누리는 하나님의 은혜를 전해 주고 싶은 사람이 있나요? 그 사람에게 예수님을 증거할 수 있는 힘을 달라고 하나님께 간구하는 기도문을 써 보십시오.

    _____

    _____

    _____

그럼에도 불구하고 믿음 지키기

*
금주의 성경 읽기
잠 13~20장

충성을 받기에 합당하신 하나님

신학적
주제) 하나님만이 홀로 절대적인 충성을 받기에 합당하십니다.

Session
2

짐 엘리엇과 함께 에콰도르의 '와오다니'라고도 하는 아우카족에게 복음을 전하다가 순교한 네이트 세인트 선교사는 사도 바울(빌 1:21)을 떠올린 듯 다음과 같은 글을 남겼습니다.

"우리는 기꺼이 죽어야만 한다. 군대에서는 목적을 달성하려면 기꺼이 자기 목숨을 내놓아야 한다고 가르친다. 선교사들도 마찬가지로 자기 목숨을 내놓아야 하는 것이다."[1]

선교사뿐 아니라 십자가에 달리신 예수님을 따르는 모든 이가 이 같은 헌신의 삶을 살아야 합니다.

> "불같은 시련을 통해 너의 길이 놓이면, 풍성한 나의 은혜가 너에게 도움이 될 것이라. 불꽃이 너를 해치지 못하나니, 내가 너에게서 찌꺼기를 제하고, 순금이 되게 하려 함이라."[2]
>
> _찬송가 "견고한 반석이니"
> (How Firm a Foundation) 중에서

Q 예수님을 따르는 사람들은 왜 복음을 위해 자기 목숨을 기꺼이 바쳐야 할까요?

Date　　.　　.

에스더가 모든
위험을 감당하다

하만의 몰락

느헤미야의
기도

성벽 재건

말씀의 중심성

천박한 예배

*Exile
and Return*

 복음을 위한 이러한 헌신은 다른 사람들에게 어떤 영향을 미칠까요?

오직 하나님만이 우리의 충성과 헌신과 예배를 받으시기에 합당하십니다. 반대와 박해와 삶의 위협 속에서도 우리가 오직 한 분 하나님만이 구원자이심을 믿을 때, 주님이 우리를 붙들어 주실 것입니다. 이 세션에서는 포로 생활 중에도 우상 숭배에 동참하기를 거절했던 세 젊은이를 만날 것입니다. 그들은 하나님이 선하시며 주권자이심을 믿었기에 주님의 보호하심을 확신했습니다. 오늘날 우리가 하나님의 영광을 드러내는 한 가지 방법은 힘든 상황에서도 결과에 상관없이 그리스도께 순종하는 것입니다.

1. 하나님의 백성은 하나님께만 엎드립니다(단 3:8~12)

느부갓네살왕이 다니엘의 하나님께 경배하며 경의를 표하기는 했지만 (2:46), 그의 헌신은 얄팍해서 오래가지 못했습니다. 3장에서 그는 머리끝부터 발끝까지 금으로 덮인, 높이 육십 규빗에 너비 여섯 규빗('1규빗'은 약 45cm - 역주)의 거대한 신상을 세웁니다(단 3:1). 아마도 그것은 발사대 위에 세워진 미사일이나 높은 기념탑처럼 보였을 것입니다. 바벨론의 모든 관료는 낙성식에 참석해 그 신상에 경배해야만 했습니다(단 3:2~6).

왕의 명령에 히브리 포로들은 어떻게 반응했을까요?

8그때에 어떤 갈대아 사람들이 나아와 유다 사람들을 참소하니라 9그들이 느부갓네살왕에게 이르되 왕이여 만수무강하옵소서 10왕이여 왕이 명령을 내리사 모든 사람이 나팔과 피리와 수금과 삼현금과 양금과 생황과 및 모든 악기 소리를 듣거든 엎드려 금 신상에게 절할 것이라 11누구

든지 엎드려 절하지 아니하는 자는 맹렬히 타는 풀무 불 가운데에 던져 넣음을 당하리라 하지 아니하셨나이까 ¹²이제 몇 유다 사람 사드락과 메삭과 아벳느고는 왕이 세워 바벨론 지방을 다스리게 하신 자이거늘 왕이여 이 사람들이 왕을 높이지 아니하며 왕의 신들을 섬기지 아니하며 왕이 세우신 금 신상에게 절하지 아니하나이다

하나님을 경외하고 주님께 순종하는 것은 언제 어디서나 환영받는 일은 아닙니다. 하나님을 향한 충성은 때로는 심각한 문제와 생명의 위협을 가져오기도 합니다. 서구 그리스도인들은 이와 같은 일을 자주 경험하지 않지만, 어떤 나라의 형제자매들에게는 일상적인 현실입니다. 그들은 자신이 사랑하는 하나님과 주님께 신실하게 살고자 하는 것만으로도 비판받고, 배척당하며, 미움받습니다. 그런데도 그들은 사도 베드로처럼 말과 행동으로 다음과 같이 선언합니다.

"사람보다 하나님께 순종하는 것이 마땅하니라"(행 5:29).

 사람보다 하나님께 순종한다는 이유로 그리스도인들이 가장 비판받기 쉬운 삶의 영역은 무엇입니까?

금 신상에 엎드려 경배해야 할 시간이 되었습니다. 그러나 세 사람은 그대로 서 있었습니다. 요란하게 저항하거나 반감을 표출하지 않고 그저 잠잠히 명령에 불복종하며 서 있었던 것입니다. 사드락과 메삭과 아벳느고의 정적들은 그들을 악의적으로 비난하기 시작했습니다. 느부갓네살왕에게 절대적인 충성을 보이지 않는다는 이유에서였습니다. 그들이 무릎을 꿇지 않았던 것은 오직 하나님께만 절대적인 충성을 바쳐

"이 투쟁이 얼마나 어렵게 이루어지고 있는지, 얼마나 저항하기 힘든 올가미인지 여러분은 알고 있습니까? 양쪽에 얼마나 깊은 구덩이와 벼랑이 있는지 여러분은 알고 있습니까? 하지만 두려워하지 마십시오. 적들이 제아무리 치밀하게 계략을 세울지라도 하나님은 청년들의 용기를 더욱 분명하게 드러내실 것입니다."³

_요한 크리소스톰

야 한다는 사실을 잘 알고 있었기 때문입니다.

이제 사드락과 메삭과 아벳느고는 위태로운 상황에 처하게 되었습니다. 정적들이 공개적으로 왕 앞에서 그들을 고발했기 때문에 왕은 체면을 지키기 위해서라도 무엇인가를 해야만 했습니다. "하늘에 계신 하나님"(2:18, 28, 37, 44)께 헌신한 이 제자들의 미래가 밝아 보이지 않습니다. 다니엘서 1장에서 하나님이 그들에게 엄청난 은혜와 지혜를 베풀어 주신 바 있습니다. 이번에는 하나님이 어떻게 하실까요?

 오직 하나님만 경배하겠다는 결단은 사명에 어떤 영향을 미칠까요?

_____

_____

2. 하나님의 백성은 하나님의 주권과 선하심을 신뢰합니다

(단 3:13~23)

¹³느부갓네살왕이 노하고 분하여 사드락과 메삭과 아벳느고를 끌어오라 말하매 드디어 그 사람들을 왕의 앞으로 끌어온지라 ¹⁴느부갓네살이 그들에게 물어 이르되 사드락, 메삭, 아벳느고야 너희가 내 신을 섬기지 아니하며 내가 세운 금 신상에게 절하지 아니한다 하니 사실이냐 ¹⁵이제라도 너희가 준비하였다가 나팔과 피리와 수금과 삼현금과 양금과 생황과 및 모든 악기 소리를 들을 때 내가 만든 신상 앞에 엎드려 절하면 좋거니와 너희가 만일 절하지 아니하면 즉시 너희를 맹렬히 타는 풀무 불 가운데에 던져 넣을 것이니 능히 너희를 내 손에서 건져낼 신이 누구이겠느냐 하니 ¹⁶사드락과 메삭과 아벳느고가 왕에게 대답하여 이르되 느부갓네살이여 우리가 이 일에 대하여 왕에게 대답할 필요가 없나이다 ¹⁷왕이여 우리가 섬기는 하나님이 계시다면 우리를 맹렬히 타는 풀무 불 가운데에서 능히 건져내시겠고 왕의 손에서도 건져내시리이다 ¹⁸그렇게 하지 아니하실지라도 왕이여 우리가 왕의 신들을 섬기지도 아니하고 왕

이 세우신 금 신상에게 절하지도 아니할 줄을 아옵소서 ¹⁹느부갓네살이 분이 가득하여 사드락과 메삭과 아벳느고를 향하여 얼굴빛을 바꾸고 명령하여 이르되 그 풀무 불을 뜨겁게 하기를 평소보다 칠 배나 뜨겁게 하라 하고 ²⁰ 군대 중 용사 몇 사람에게 명령하여 사드락과 메삭과 아벳느고를 결박하여 극렬히 타는 풀무 불 가운데에 던지라 하니라 ²¹그러자 그 사람들을 겉옷과 속옷과 모자와 다른 옷을 입은 채 결박하여 맹렬히 타는 풀무 불 가운데에 던졌더라 ²²왕의 명령이 엄하고 풀무 불이 심히 뜨거우므로 불꽃이 사드락과 메삭과 아벳느고를 붙든 사람을 태워 죽였고 ²³이 세 사람 사드락과 메삭과 아벳느고는 결박된 채 맹렬히 타는 풀무 불 가운데에 떨어졌더라

느부갓네살왕이 이야기의 핵심이 될 질문을 던졌습니다.

"어느 신이 너희를 내 손에서 건져 내겠느냐?"(15절).

이 시점에서 그의 말에 동의하기는 어렵지만, 아마 우리도 크게 다르지는 않을 것입니다. 우리도 때때로 자신을 높이지 않습니까? 마치 운명이 하나님 손이 아닌 자기 손에 달려 있는 듯 행동하곤 하지 않습니까? 자기 자신과 자신이 아는 사람들과 자신이 해 온 일들에 더 관심을 기울이지 않습니까? 왕의 마음속 교만이 우리에게도 똑같이 잠재해 있지는 않습니까?

변함없는 믿음을 보여 준 세 사람과 자신을 동일시하기 쉽겠지만, 스스로에게 이것부터 물어봐야 합니다. "죄에서, 교만과 오만에서 나를 건지실 하나님은 누구이신가?" 세 사람은 왕의 질문에 대한 답을 알고 있었습니다. 그들은 어떤 희생을 치르더라도 이 세상의 권세나 자기 자신을 신뢰하지 않기로 결정했습니다(17~18절).

Q 사람들이 하나님의 주권과 선하심을 신뢰하는 대신 자기 주권과 의를 주장하는 방법에는 어떤 것들이 있나요?

_____

_____

_____

느부갓네살왕의 질문은 실로 온 세대를 걸쳐서 제기되어 온 질문입니다. "구원해 주실 하나님은 누구이신가?" 세 사람은 왕의 질문에 기뻤습니다. 그 질문에 대한 답이 오래전부터 그들 마음속에 자리 잡고 있었기 때문입니다. 그들은 세상 신들에게 경배하고 추앙을 받을 것인지, 아니면 살아계신 한 분 참 하나님께 예배하고 새까맣게 불태워질 것인지 선택하라고 하면 기꺼이 하나님을 따를 준비가 되어 있었습니다.

다음은 성경에서 하나님을 향한 가장 위대한 신앙고백 중 하나입니다.

> **핵심교리 99**
>
> **84. 교회와 하나님 나라**
>
> 교회와 하나님 나라는 동일하지는 않지만, 밀접하게 연결되어 있습니다. 성경이 하나님 나라에 관해 말할 때는 세상에서의 하나님의 통치를 가리키는 것입니다. 교회란 장차 하나님 나라가 온전히 드러날 것을 고대하며 그분의 사랑의 통치하에 살아가는 하나님의 백성입니다. 교회의 사명은 그리스도를 통한 하나님의 구원 메시지를 선포하고, 선행을 통해 복음의 능력을 나타냄으로써 하나님 나라를 증거하는 것입니다. 그리고 이를 통해 다른 사람들도 하나님의 통치 아래 살아가도록 인도하는 것입니다.

"그렇게 하지 아니하실지라도 왕이여 우리가 왕의 신들을 섬기지도 아니하고 왕이 세우신 금 신상에게 절하지도 아니할 줄을 아옵소서"(18절).

세상에, 하나님을 향한 그들의 믿음이 놀랍지 않습니까? 그들이 온 열방에 보여 준 신앙을 보십시오! 이것이 바로 온 열방을 향한 한 분 참 하나님을 절대적으로 신뢰하는 선교사적 선포입니다. 그들에게는 목숨을 건지는 것보다 목숨을 잃을지라도 믿음을 고백하고 순종하는 것이 더 중요했습니다.

Q 설사 하나님이 구원하지 않으실지라도 자신들은 하나님을 따르겠다고 고백한 사드락과 메삭과 아벳느고의 신앙고백이 갖는 의미는 무엇입니까?

_____

_____

Q 그들의 신앙고백은 하나님의 주권과 선하심에 대한 신뢰를 어떤 식으로 드러냅니까?

_____

_____

3. 하나님의 백성은 하나님이 보호하심을 신뢰합니다 (단 3:24~30)

²⁴그때에 느부갓네살왕이 놀라 급히 일어나서 모사들에게 물어 이르되 우리가 결박하여 불 가운데에 던진 자는 세 사람이 아니었느냐 하니 그들이 왕에게 대답하여 이르되 왕이여 옳소이다 하더라 ²⁵왕이 또 말하여 이르되 내가 보니 결박되지 아니한 네 사람이 불 가운데로 다니는데 상하지도 아니하였고 그 넷째의 모양은 신들의 아들과 같도다 하고 ²⁶느부갓네살이 맹렬히 타는 풀무 불 아귀 가까이 가서 불러 이르되 지극히 높으신 하나님의 종 사드락, 메삭, 아벳느고야 나와서 이리로 오라 하매 사드락과 메삭과 아벳느고가 불 가운데에서 나온지라 ²⁷총독과 지사와 행정관과 왕의 모사들이 모여 이 사람들을 본즉 불이 능히 그들의 몸을 해하지 못하였고 머리털도 그을리지 아니하였고 겉옷 빛도 변하지 아니하였고 불탄 냄새도 없었더라 ²⁸느부갓네살이 말하여 이르되 사드락과 메삭과 아벳느고의 하나님을 찬송할지로다 그가 그의 천사를 보내사 자기를 의뢰하고 그들의 몸을 바쳐 왕의 명령을 거역하고 그 하나님 밖에는 다른 신을 섬기지 아니하며 그에게 절하지 아니한 종들을 구원하셨도다 ²⁹그러므로 내가 이제 조서를 내리노니 각 백성과 각 나라와 각 언어를 말하는 자가 모두 사드락과 메삭과 아벳느고의 하나님께 경솔히 말하거든 그 몸을 쪼개고 그 집을 거름터로 삼을지니 이는 이같이 사람을 구원할 다른 신이 없음이니라 하더라 ³⁰왕이 드디어 사드락과 메삭과 아벳느고를 바벨론 지방에서 더욱 높이니라

결국 사드락과 메삭과 아벳느고는 결박되어 옷을 다 입은 채로 "맹렬히 타는 풀무 불 가운데"로 던져졌습니다 (21절). 옷이 불쏘시개 역할을 할 게 뻔했습니다.

그런데 예상치 못한 일이 일어났습니다. 왕이 깜짝 "놀라 급히 일어날" 정도였습니다 (24절). 그들이 죽지 않았기 때문입니다. 심지어 그들은 더 이상 결박되어 있지 않은 채로 맹렬한 풀무 불 속에서 자유롭게 걸어 다니고 있었습니다. 더욱 놀라운 것은 풀무 불 안에 네 사람이 걸어 다니는데, 그중 네 번째 사

람은 "신들의 아들"과도 같은 모습이었습니다(25절). 느부갓네살왕은 그를 가리
켜 "천사"라고 불렀습니다(28절).

신학자들은 네 번째 사람의 정체에 관해 오랫동안 논쟁해 왔습니다. 일
부 학자는 이를 하나님의 임재를 나타내는 '신현'(theophany)으로 믿었습니다.
다른 학자들은 성삼위 가운데 제2위이신 성자 하나님이 성육신하기 전에 모습
을 드러내신 '그리스도의 현현'(Christophany)이라고 주장합니다. 여하튼 주님이
그들과 함께 거기에 계셨습니다. 하나님은 그들이 풀무 불을 피할 수 있게 해
주시지는 않았지만, 불 가운데서 그들을 만나시고 불에서 건져 주셨습니다!

Q 하나님이 고난을 피할 수 있게 해 주시지는 않았지만, 고난 가운데서 만나 주신 적이
있습니까?

Q 어려움에 맞닥뜨렸을 때, 하나님의 임재를 느낀다면 어떨까요?

느부갓네살은 세 사람을 풀무 불에서 나오게 해 모든 사람이 "불이 능
히 그들의 몸을 해하지" 못한 것을 보게 했습니다. 실제로 "머리털도 그을리지
아니하였고 겉옷 빛도 변하지 아니하였고 불탄 냄새도" 없었습니다(27절). 왕은
곧장 이 모든 일을 "지극히 높으신 하나님"(26절), "사드락과 메삭과 아벳느고의
하나님"(28절) 덕분으로 돌렸습니다. 그가 이전에 "참으로 모든 신들의 신이시
요 모든 왕의 주재"(단 2:47)로 고백했던 하나님께 말입니다.

그분은 "불의 세력을 멸하기도" 하시는 하나님입니다(히 11:34). "자기를
의뢰하고 그들의 몸을 바쳐 왕의 명령을 거역하고 그 하나님 밖에는 다른 신
을 섬기지" 아니한 자들을 구원하시는 하나님입니다(단 3:28. 참조, 롬 12:1~2). 이
후 왕은 사드락과 메삭과 아벳느고를 그의 나라에서 더욱 높여 주었습니다
(단 3:30).

Q 이 이야기가 당시 포로 생활 중에 있던 유대인들의 신앙에 어떤 영향을 미쳤을까요?

결론

느부갓네살이 풀무 불 속을 들여다
보자, 거기에는 세 사람이 아닌 네 사람이
있었습니다. 그는 네 번째 사람을 보고, 그
모양이 "신들의 아들과 같도다"라고 말했습
니다(25절). 나중에는 그를 가리켜 "천사"라
고 했습니다(28절). 다신교를 믿는 이교도치

> "사랑하는 이여, 예수 그리스도
> 와 가장 친밀한 교제를 나누려
> 면, 고난의 풀무 속으로 들어가
> 야만 합니다."[4]
>
> _찰스 스펄전

고는 크게 빗나간 추측은 아니었습니다. 그러나 우리는 그분이 누구인지 잘 압
니다. 풀무 불의 네 번째 사람은 "우리와 함께하시는 하나님", 즉 임마누엘로 알
고 있는 바로 그분입니다. 불 속에서 그들과 함께하셨던 그분은 우리를 대신해
십자가에서 하나님의 모든 진노를 견디심으로써 우리가 마땅히 받아야 할 지
옥의 화염이 우리의 털끝 하나도 태우지 못하게 하실 것입니다.

고난의 풀무 불 속에서도 확신할 수 있는 이유는 하나님의 능력과 임재
를 신뢰하기 때문입니다. 하나님이 함께하신다는 사실을 앎으로써 우리 영혼
이 북돋워지고, 기쁨과 소망을 갖게 됩니다. 우리를 대신해 불을 견뎌 내심으
로써 우리를 영벌에서 구원하신 하나님을 증거할 수 있도록 고난 중에도 용기
를 주시길 기도합시다.

그리스도와의 연결

풀무 불 가운데서 사드락과 메삭과 아벳느고와 함께하신 하나님이 그 아
들을 통해 우리도 구원해 주실 것입니다. 그분은 극심한 고난 중에도 우리
와 함께하시며 죄로 인한 심판에서 우리를 구원해 주십니다.

하나님의 계획
우리의 사명

하나님은 우리에게 그 결과가 어떠하든지 상관하지 말고, 하나님의 능력을 온전히 신뢰하면서 세상 문화를 거스르는 삶의 방식을 받아들이라고 말씀하십니다.

1. 어떻게 하면 그리스도인으로서 이 세상에 예수 그리스도를 향한 절대적인 충성을 구체적으로 드러낼 수 있을까요?

    _____

    _____

    _____

2. 하나님의 주권과 선하심에 비추어 보았을 때, 자신이 처한 상황이 다르게 보인 적이 있습니까? 자신이 처한 상황이 전도를 위한 것처럼 보인 적이 있습니까?

    _____

    _____

    _____

3. 불에서 건져 주실 수 있는 하나님을 신뢰한다면, 결과가 어떻든 상관없이 믿음으로 나아갈 수 있을까요?

    _____

    _____

    _____

충성을 받기에 합당하신 하나님

*
금주의 성경 읽기
잠 21~24장;
왕상 5~6장;
대하 2~3장

손가락으로 벽에 글씨를 쓰신 하나님

신학적 주제) 하나님의 심판은 하나님을 대적해 일어나는 모든 이에게 내려집니다.

Session 3

'벽에 쓰인 글씨'라는 유명한 표현은 재난의 예고나 징조를 무시해 버리는 것을 묘사합니다. 이것은 다니엘 5장에서 유래했는데, 여기서 글씨는 하나님이 손가락으로 쓰신 것이었습니다. 그 메시지는 분명했으며, 확실히 일어날 것입니다. 하나님과 상관없이 스스로 무적이라고 믿는 사람들에게 재난이 일어날 것이라는 내용이었습니다.

"교만은 죄를 낳는 어미입니다."[1]

_요한 비간트

Q 불길한 징조를 무시했던 사람들의 이야기를 들어본 적이 있습니까?

_____

_____

_____

Date . .

사람들은 어떤 징조를 무시하는 경향이 있으며, 실패나 재난에 앞서 보이는 징조에는 어떤 것들이 있습니까?

_____

_____

벨사살과 '벽에 쓰인 글씨' 이야기는 "지극히 높으신 하나님이 사람 나라를 다스리시며 자기의 뜻대로 누구든지 그 자리에"(단 5:21) 세우신다는 진리를 생생하게 보여 줍니다. 이 사건을 통해 우리는 하나님보다 자신을 더 높이는 세상 나라나 지도자들이 약속하는 안전을 신뢰해서는 안 된다는 사실을 배우게 됩니다. 반역의 결과를 알면, 하나님의 경고에 주의를 기울일 뿐만 아니라 열심히 다른 사람들에게 하나님의 심판을 경고하게 될 것입니다.

1. 하나님은 세상이 약속하는 안전을 신뢰하지 말라고 경고하십니다(단 5:1~9)

¹벨사살 왕이 그의 귀족 천 명을 위하여 큰 잔치를 베풀고 그 천 명 앞에서 술을 마시니라 ²벨사살이 술을 마실 때에 명하여 그의 부친 느부갓네살이 예루살렘 성전에서 탈취하여 온 금, 은 그릇을 가져오라고 명하였으니 이는 왕과 귀족들과 왕후들과 후궁들이 다 그것으로 마시려 함이었더라 ³이에 예루살렘 하나님의 전 성소 중에서 탈취하여 온 금 그릇을 가져오매 왕이 그 귀족들과 왕후들과 후궁들과 더불어 그것으로 마시더라 ⁴그들이 술을 마시고는 그 금, 은, 구리, 쇠, 나무, 돌로 만든 신들을 찬양하니라 ⁵그때에 사람의 손가락들이 나타나서 왕궁 촛대 맞은편 석회벽에 글자를 쓰는데 왕이 그 글자 쓰는 손가락을 본지라 ⁶이에 왕의 즐기던 얼굴빛이 변하고 그 생각이 번민하여 넓적다리 마디가 녹는 듯하고 그

35

의 무릎이 서로 부딪친지라 ⁷왕이 크게 소리 질러 술객과 갈대아 술사와
점쟁이를 불러오게 하고 바벨론의 지혜자들에게 말하되 누구를 막론하
고 이 글자를 읽고 그 해석을 내게 보이면 자주색 옷을 입히고 금사슬을
그의 목에 걸어 주리니 그를 나라의 셋째 통치자로 삼으리라 하니라 ⁸그
때에 왕의 지혜자가 다 들어왔으나 능히 그 글자를 읽지 못하며 그 해석
을 왕께 알려 주지 못하는지라 ⁹그러므로 벨사살 왕이 크게 번민하여 그
의 얼굴빛이 변하였고 귀족들도 다 놀라니라

권세자의 관점에서 이 장면을 생각해 보십시오. 모든 권세를 가진 바벨
론의 왕 벨사살이 많은 귀족과 화려하고 난잡한 잔치를 벌이고 있었습니다. 그
는 자신이 바벨론의 마지막 왕이 되리라는 사실을 알지 못했습니다. 메대의 다
리오왕이 바벨론을 공격해 그 제국을 끝내려던 참이었습니다.

그런데도 어리석은 벨사살은 환락을 멈출 줄 몰랐습니다. 그는 하나님의
성전에서 탈취해 온 신성한 그릇들에 포도주를 부어 마심으로써 신성모독죄
와 조롱죄를 더했습니다.

벨사살은 유대인의 하나님을 조롱하고, 바벨론의 신들의 우월성을 찬양
하려고 일부러 그런 것이었습니다. 그는 하나님의 거룩한 기구들을 한밤의 유
흥을 위해 내놓음으로써 하나님을 구경거리로 만들었습니다.

바벨론 사람들은 자신들에게 심판이 다가오고 있다는 것을 꿈에도 모른
채 잔치를 벌이고 있었던 것입니다. 죄는 우리에게도 이와 똑같은 일을 합니다.
우리를 둔하게 만들고, 어리석게 만듭니다.

Q 죄는 어떤 식으로 우리 감각을 둔하게 해 현실에서 괴리시킵니까?

_____

_____

_____

그러다 갑자기 왕이 정신을 번쩍 차렸습니다. 무엇이 그를 현실로 확 잡
아끌었을까요? 그때 "사람의 손가락들이 나타나서 왕궁 촛대 맞은편 석회 벽

에 글자를"(5절) 쓰기 시작했기 때문입니다. 히브리 백성에게 줄 십계명을 친히 쓰셨던 손가락이 지금은 불경스러운 벨사살의 죄와 임박한 심판을 기록합니다(참조, 출 31:18; 신 9:10).

다니엘 2장에서 바벨론의 "지혜자들"이 해석하지 못한 느부갓네살의 꿈을 다니엘이 해석해 위기를 모면하게 한 적이 있습니다. 그와 똑같은 일이 4장에서 다시 일어난 것입니다. 또다시 "왕의 지혜자가 다 들어왔으나" 이번에도 그들은 아무것도 하지 못했습니다(단 5:8).

결국 벨사살은 불안함에 얼굴빛이 변했습니다(9절). 왕은 자기 권세나 자기 나라나 자기 백성이 약속하는 안전을 신뢰할 수 없다는 사실을 깨달았습니다.

핵심교리 99   12. 전능하신 하나님

하나님은 전능하십니다. 하나님은 뜻하시는 일은 무엇이든지 하실 수 있습니다. 거대한 태양계에서부터 미세한 입자에 이르기까지 하나님 자신이 창조한 온 우주 만물에 대해 권세와 권능을 가지고 계십니다. 하나님이 전능하시다면 하나님도 죄를 지으실 수 있을까요? 그렇지 않습니다. 하나님은 자기 성품과 본질에 위배되는 일을 뜻하지 않으시기 때문입니다. 죄를 짓는 일은 하나님의 완전한 도덕적 성품에 어긋나는 일입니다. 그렇기 때문에 하나님은 전능하시지만 죄짓는 일을 의도하지 않으시며, 그러한 일을 하실 수도 없습니다. 그리스도인으로서 우리는 전능하신 하나님이 선하시다는 믿음 안에서 안식을 누리며, 전능하신 하나님이 우리의 유익과 기쁨을 위해 일하고 계신다는 사실을 아는 데서 큰 위안을 얻습니다.

Q 우리 사회가 신뢰하며 안전을 구하는 대상은 어떤 것입니까?

_____

_____

_____

Q 그러한 안전을 위협하는 것들은 무엇입니까?

_____

_____

_____

손가락으로 벽에 글씨를 쓰신 하나님

2. 하나님은 자기를 대적해 우리 자신을 높이지 말라고 경고 하십니다(단 5:13~24)

¹³이에 다니엘이 부름을 받아 왕의 앞에 나오매 왕이 다니엘에게 말하되 네가 나의 부왕이 유다에서 사로잡아 온 유다 자손 중의 그 다니엘이냐 ¹⁴내가 네게 대하여 들은즉 네 안에는 신들의 영이 있으므로 네가 명철과 총명과 비상한 지혜가 있다 하도다 ¹⁵지금 여러 지혜자와 술객을 내 앞에 불러다가 그들에게 이 글을 읽고 그 해석을 내게 알게 하라 하였으나 그들이 다 그 해석을 내게 보이지 못하였느니라 ¹⁶내가 네게 대하여 들은즉 너는 해석을 잘하고 의문을 푼다 하도다 그런즉 이제 네가 이 글을 읽고 그 해석을 내게 알려 주면 네게 자주색 옷을 입히고 금 사슬을 네 목에 걸어 주어 너를 나라의 셋째 통치자로 삼으리라 하니 ¹⁷다니엘이 왕에게 대답하여 이르되 왕의 예물은 왕이 친히 가지시며 왕의 상급은 다른 사람에게 주옵소서 그럴지라도 내가 왕을 위하여 이 글을 읽으며 그 해석을 아뢰리이다 ¹⁸왕이여 지극히 높으신 하나님이 왕의 부친 느부갓네살에게 나라와 큰 권세와 영광과 위엄을 주셨고 ¹⁹그에게 큰 권세를 주셨으므로 백성들과 나라들과 언어가 다른 모든 사람들이 그의 앞에서 떨며 두려워하였으며 그는 임의로 죽이며 임의로 살리며 임의로 높이며 임의로 낮추었더니 ²⁰그가 마음이 높아지며 뜻이 완악하여 교만을 행하므로 그의 왕위가 폐한 바 되며 그의 영광을 빼앗기고 ²¹사람 중에서 쫓겨나서 그의 마음이 들짐승의 마음과 같았고 또 들나귀와 함께 살며 또 소처럼 풀을 먹으며 그의 몸이 하늘 이슬에 젖었으며 지극히 높으신 하나님이 사람 나라를 다스리시며 자기의 뜻대로 누구든지 그 자리에 세우시는 줄을 알기에 이르렀나이다 ²²벨사살이여 왕은 그의 아들이 되어서 이것을 다 알고도 아직도 마음을 낮추지 아니하고 ²³도리어 자신을 하늘의 주재보다 높이며 그의 성전 그릇을 왕 앞으로 가져다가 왕과 귀족들과 왕후들과 후궁들이 다 그것으로 술을 마시고 왕이 또 보지도 듣지도 알지도 못하는 금, 은, 구리, 쇠와 나무, 돌로 만든 신상들을 찬양하고 도리어 왕의 호흡을 주장하시고 왕의 모든 길을 작정하시는 하나님

께는 영광을 돌리지 아니한지라 ²⁴이러므로 그의 앞에서 이 손가락이 나
와서 이 글을 기록하였나이다

하나님의 사람 다니엘이 부름을 받아 왕 앞에 섰습니다. 그는 무례하지
않으면서도 분명하게 대답했습니다. 다니엘은 해석하는 지혜가 하나님께로부
터 나오는 것임을 알고 있었습니다. 그는 자기 은사를 왕에게 상을 받기 위해서
사용하지 않고, 왕에게 하나님의 메시지를 전하기 위해서 사용했습니다.

Q 다니엘은 왕 앞에서 담대하면서도 겸손한 모습을 어떤 식으로 보여 줍니까?

_____

_____

Q 느부갓네살과 벨사살의 차이점은 무엇이며, 벨사살과 다니엘의 뚜렷한 차이점은 무
엇입니까?

_____

_____

다니엘은 벽에 쓰인 글씨를 해석하기 전에 벨사살에게 최근 역사와 성경
의 가르침에 관해 간단히 설명하며 훈계했습니다. 지극히 높으신 하나님이 벨
사살의 할아버지인 느부갓네살왕에게 영광으로 나라와 큰 권세를 누리는 특
권을 주셨습니다(18~19절). 하지만 느부갓네살이 교만하고 오만해지자, 하나님
은 그를 낮추시어 소나 들나귀와 같은 짐승처럼 살게 하셨습니다. 그로 하여금
"지극히 높으신 하나님이 사람 나라를 다스리시며 자기의 뜻대로 누구든지 그
자리에 세우시는 줄을" 알게 하려 하셨기 때문입니다(20~21절).

그러고 나서 다니엘은 벨사살을 책망했습니다. 결국 이렇게 말한 셈입니
다. "벨사살왕이시여! 당신은 그걸 다 알고도 느부갓네살왕과 똑같이 행동하고
계십니다. 그래서 하나님이 당신의 최후를 보여 주신 것입니다."

다니엘이 왕에게 한 말을 통해, 우리는 하나님보다 자신을 더 높인 자의
최후를 보게 됩니다. 벨사살이 자신을 얼마나 대단하게 여기는지와 상관없이

하나님은 그의 현실을 보셨고, 그가 자신을 있는 그대로 볼 수 있게 하실 것입니다.

Q 벨사살처럼 하나님께 대적해 스스로 높아졌다가 나락으로 떨어진 사람들에 대한 성경 이야기를 찾아봅시다.

_____

_____

_____

3. 하나님은 회개하지 않는 죄의 최후를 경고하십니다

(단 5:25~31)

25기록된 글자는 이것이니 곧 메네 메네 데겔 우바르신이라 26그 글을 해석하건대 메네는 하나님이 이미 왕의 나라의 시대를 세어서 그것을 끝나게 하셨다 함이요 27데겔은 왕을 저울에 달아 보니 부족함이 보였다 함이요 28베레스는 왕의 나라가 나뉘어서 메대와 바사 사람에게 준 바 되었다 함이니이다 하니 29이에 벨사살이 명하여 그들이 다니엘에게 자주색 옷을 입히게 하며 금 사슬을 그의 목에 걸어 주고 그를 위하여 조서를 내려 나라의 셋째 통치자로 삼으니라 30그날 밤에 갈대아 왕 벨사살이 죽임을 당하였고 31메대 사람 다리오가 나라를 얻었는데 그때에 다리오는 육십이 세였더라

벨사살은 자신의 교만, 오만, 신성모독, 우상 숭배의 죄를 회개하는 모습을 전혀 보이지 않았습니다. 그래도 다행히 다니엘에게 했던 약속은 지켰습니다(아마 마지못해 했을 테지만 말입니다).

다시 한 번 하나님은 적대적이고 이교적인 세상에서 자신의 신실한 종을 높이셨습니다. 하나님은 다니엘을 '은퇴'시키지 않으시고, 바벨론 제국의 세 번째 통치자가 되게 하셨습니다. 나보니두스왕과 그의 아들 벨사살왕 시대 이후

유대인 포로 출신인 다니엘보다 더 권세 있는 사람은 없었습니다. 그러나 그 권세는 그리 오래가지 못했습니다. 회사가 파산하기 전날 승진한 것과 같은 상황이었습니다. 마치 전쟁에서 졌는데도, 훈장을 받게 된 것과 같았습니다.

그날 밤 벨사살이 죽고, "메대 사람 다리오가 나라를 얻었는데 그때에 다리오는 육십이 세"였습니다(30~31절). 벨사살은 지극히 높으신 하나님을 모욕하고 조롱했습니다. 그는 자기 죄를 대면했음에도 회개하지 않았습니다. 이런 경우 하나님의 심판은 천국에서 내리치는 번개만큼이나 신속하게 이루어집니다.

성경을 아는 사람들에게 이것은 그리 놀라운 일이 아닙니다. 하나님의 선지자들이 바벨론 제국의 운명을 예언한 바 있기 때문입니다. 그들은 이 제국이 인간의 시간표가 아니라 하나님의 시간표에 따라 오늘 있다가 내일 사라져 버릴 수도 있는 것에 불과함을 알았습니다(참조, 사 21:1~10; 렘 50~51장).

요한계시록 18장에서 우리는 바벨론의 궁극적인 파멸을 보게 됩니다. 바벨론은 하나님 나라에 경제적으로, 도덕적으로, 정치적으로, 영적으로 대항하는 악하고 음흉한 세상 체제를 가리킵니다. 다니엘 5장은 앞으로 다가올 종말에 관한 예고편과 같습니다. 여기서 우리는 지혜의 말씀과 경고의 말씀을 찾아야 합니다.

Q 죄악이나 자신을 높이는 행위에서 떠나라고 경고하시는 하나님을 느껴 본 적이 있습니까?

_____

_____

_____

Q 어떻게 하면 하나님의 경고에 주의를 잘 기울이고, 다른 사람들에게 하나님의 심판을 열심히 경고할 수 있을까요?

_____

_____

_____

순가락으로 때에 글씨를 쓰신 하나님

결론

하나님이 벽에 글씨를 쓰신 이야기에서, 히브리 포로 출신 다니엘은 교만, 오만, 신성모독, 우상 숭배 등의 죄를 지은 세상 권세자들에게 맞섰습니다. 그는 세상의 우상들이 매수하거나 꾈 수 없는 흠잡을 데 없는 인물이었습니다. 왜 그럴까요? 놀라운 지혜를 지닌 이 사람 속에 거룩한 하나님의 영이 계셨기 때문입니다(참조, 단 5:11). 이방인들조차 그를 "마음이 민첩하고 지식과 총명이 있어 능히 꿈을 해석하며 은밀한 말을 밝히며 의문을 풀 수" 있는 사람이라고 (단 5:12. 참조, 단 6:3) 좋게 평가했을 정도였습니다(참조, 요삼 1:11~12).

이는 1세기에 등장한 유다 출신의 또 다른 포로에 관한 평가와 유사합니다. 그의 이름은 예수로, 그분은 자신에 관해 "주의 성령이 내게" 임하셨다고 말씀하셨습니다(눅 4:18). 훗날 그분의 대적들은 "그 사람이 말하는 것처럼 말한 사람은 이때까지 없었나이다"라고 말했습니다(요 7:46). 다니엘은 장차 오실 메시아를 가리킵니다. 주의 종 다니엘은 "여호와의 영 곧 지혜와 총명의 영이요 모략과 재능의 영이요 지식과 여호와를 경외하는 영이"(사 11:2) 임하실 주의 종 예수 그리스도를 예시합니다.

> "벨사살은 예수님의 비유에 나오는 어리석은 부자와 가장 딱 들어맞는 구약 인물일 것입니다. 더 많은 것을 원하는 그들의 욕망(어리석은 부자는 더 많은 부를 원했지요)을 볼 때, 그들은 절대 만족하지 못할 것입니다. 욕망을 좇느라 눈이 멀어 버려서 그들은 하나님이 '오늘 밤에 네 영혼을 도로 찾으리니 그러면 네 준비한 것이 누구의 것이 되겠느냐'(눅 12:20)라고 물으시리라는 것을 꿈에도 생각하지 못했습니다."[2]
>
> _싱클레어 퍼거슨

그리스도와의 연결

벽에 쓰인 글씨는 왕에 대한 하나님의 심판을 전했습니다. 예수 그리스도의 십자가는 죄에 대한 하나님의 심판을 전했습니다. 그뿐만 아니라 회개하고 하나님을 믿게 된, 자격 없는 죄인들을 향한 하나님의 사랑을 또한 확증했습니다.

> 하나님의
> **계획**
> 우리의 사명

하나님은 우리에게 주님의 경고에 주의를 기울이고, 주님 앞에 회개함으로써 스스로를 낮추며, 다른 사람들에게 하나님의 심판을 열심히 경고하라고 말씀하십니다.

1. 가까운 사람이 '세상 왕국'에서 자기 안전을 구하려고 할 때, 어떻게 대응해야 할까요? 그 '안전'이 위태로운 이유는 무엇인가요?

   _____

   _____

   _____

2. 예수 그리스도를 높이기 위해 교회/공동체가 겸손해지려면 어떻게 해야 할까요?

   _____

   _____

   _____

3. 우리 사회가 하나님의 심판에 제기하는 이의에는 어떤 것들이 있습니까? 여기에 우리는 어떻게 대응해야 할까요?

   _____

   _____

   _____

손가락으로 벽에 글씨를 쓰신 하나님

*
금주의 성경 읽기
**왕상 7~8장;
시 11편;
대하 4~7장;
시 134편;
136편**

The Gospel
Project

포로 생활 중
신실하기

불로
시험받다

벽에 쓰인
손글씨

구원받은
다니엘

고향으로 가는
여정

성전 재건

사자 굴에서 다니엘을 건지신 하나님

 신학적 주제

하나님은 주님을 신뢰하는 사람들을 구원하심으로써 영광을 받으십니다.

Session 4

　이제 우리는 다니엘서에서 가장 유명한 장면에 이르게 되었습니다. 세션 3에서 살펴본 바와 같이, 하나님의 사람 다니엘은 느부갓네살왕 시대에 "명철과 총명과 지혜"(단 5:11)로 바벨론을 다스렸습니다. 그는 "신들의 영"이 깃든 사람, "민첩한 마음"(5:12)의 소유자로 명망이 높았습니다. 사람들은 다니엘을 "명철과 총명과 비상한 지혜"(5:14)가 있는 사람이라고 평가했으며, 이는 바벨론 제국의 마지막 왕인 벨사살의 통치 때까지 이어졌습니다. 메대의 다리오왕은 바벨론 사람들과 의견을 나눈 후 다니엘을 요직에 임명했습니다.

　그러나 다니엘은 큰 위기에 직면하게 됩니다. 믿음을 시험받게 된 것입니다. 신실하게 살아온 80대 노인이 그를 갈기갈기 찢으려는 굶주린 사자들이 있는 구덩이에 던져지는 모습을 보게 될 것입니다. 왜 이런 일이 일어나게 된 것일까요? 그것은 그가 기도를 멈추지 않았기 때문입니다.

 사자 굴에 던져진 다니엘의 이야기에 관해 어떤 것을 알고 있습니까?

Date 　 . 　 .

Q 이 이야기가 교회나 우리 문화에 널리 알려지게 된 이유는 무엇일까요?

다니엘 6장에서 다니엘은 초자연적인 도움으로 살아 있는 사자들에게서 구출됩니다. 이 사건으로 인해 열방이 다니엘의 하나님이야말로 "살아 계시는 하나님이시요 영원히 변하지 않으실 이시며 그의 나라는 멸망하지 아니할 것이요 그의 권세는 무궁할 것"(26절)이라는 사실을 알게 됩니다. 하나님의 백성으로서 우리는 어떤 상황에서도 하나님을 믿고 순종하면서 우리의 용기를 보여 주어야 합니다. 담대한 믿음의 고백은 예수님이 세상의 진정한 왕이시라는 사실을 세상에 알리는 표징입니다.

> "다니엘은 공직을 맡게 될 그리스도인들을 위한 기준을 세웠습니다. 그는 국정 업무에 철저했지만, 하나님의 종 된 신분을 더 중요하게 여겼고 어떤 대가를 치르더라도 하나님의 계명을 지키겠다고 결심했습니다. 우리 사회에는 다니엘 같은 정치 지도자들이 필요합니다."[1]
>
> _조엘 벨즈

1. 기도로 하나님께 헌신하십시오(단 6:1~10)

¹다리오가 자기의 뜻대로 고관 백이십 명을 세워 전국을 통치하게 하고 ²또 그들 위에 총리 셋을 두었으니 다니엘이 그중의 하나이라 이는 고관들로 총리에게 자기의 직무를 보고하게 하여 왕에게 손해가 없게 하려 함이었더라 ³다니엘은 마음이 민첩하여 총리들과 고관들 위에 뛰어나므로 왕이 그를 세워 전국을 다스리게 하고자 한지라 ⁴이에 총리들과 고관들이 국사에 대하여 다니엘을 고발할 근거를 찾고자 하였으나 아무 근거, 아무 허물도 찾지 못하였으니 이는 그가 충성되어 아무 그릇됨도 없고 아무 허물도 없음이었더라 ⁵그들이 이르되 이 다니엘은 그 하나

님의 율법에서 근거를 찾지 못하면 그를 고발할 수 없으리라 하고 [6]이에 총리들과 고관들이 모여 왕에게 나아가서 그에게 말하되 다리오왕이여 만수무강하옵소서 [7]나라의 모든 총리와 지사와 총독과 법관과 관원이 의논하고 왕에게 한 법률을 세우며 한 금령을 정하실 것을 구하나이다 왕이여 그것은 곧 이제부터 삼십일 동안에 누구든지 왕 외의 어떤 신에게나 사람에게 무엇을 구하면 사자 굴에 던져 넣기로 한 것이니이다 [8]그런즉 왕이여 원하건대 금령을 세우시고 그 조서에 왕의 도장을 찍어 메대와 바사의 고치지 아니하는 규례를 따라 그것을 다시 고치지 못하게 하옵소서 하매 [9]이에 다리오왕이 조서에 왕의 도장을 찍어 금령을 내니라 [10]다니엘이 이 조서에 왕의 도장이 찍힌 것을 알고도 자기 집에 돌아가서는 윗방에 올라가 예루살렘으로 향한 창문을 열고 전에 하던 대로 하루 세 번씩 무릎을 꿇고 기도하며 그의 하나님께 감사하였더라

본문은 다니엘이 "마음이 민첩"했을 뿐만 아니라 "충성되어 아무 그릇됨도 없고 아무 허물도" 없었다고 말합니다(3~4절). 다른 총리들과 고관들은 그를 시기하고 질투해 "국사에 대하여 다니엘을 고발할 근거를 찾고자" 했지만, 한 가지 문제가 있었습니다. "그가 충성되어 아무 그릇됨도 없고 아무 허물도 없음"으로 말미암아 "아무 근거, 아무 허물도 찾지" 못했던 것입니다(4절).

Q 다니엘의 신앙은 그가 근로자와 공직자의 모범이 되는 데 어떤 영향을 주었을까요?

Q 당신의 믿음은 당신의 일하는 방식에 어떤 영향을 줍니까?

다니엘에 대한 음모는 그의 절개를 이용해 넘어뜨리는 것으로 꾸며졌습니다. 대적들은 다리오왕을 조종해 기도 금지령을 만들게 함으로써, 다니엘이 왕에게 불순종하게 하여 궁지로 몰고자 했습니다. 그들의 목적은 다니엘을 좌천시키려는 것만이 아니었습니다. 그들은 다니엘이 죽기를 바랐습니다.

기도 금지령이 내려졌다는 소식을 듣고 다니엘이 어떻게 했습니까? 그는 늘 하던 대로 행동했습니다. 다니엘은 사람이 아닌 하나님께 순종했습니다. 그는 수십 년간 그의 인생을 특징지어 온 영적 훈련 방식을 고수했습니다. 그의 이런 면을 대적들도 잘 알고 있었습니다. 다니엘은 집으로 돌아가 기도 자리가 있는 윗방으로 올라가서 예루살렘을 향해 창문을 열었습니다. 그러고는 "전에 하던 대로 하루 세 번씩 무릎을 꿇고 기도하며"(단 6:10) 하나님께 감사했습니다.

> **핵심교리**
> **99**
> **81. 신자의 제사장직**
>
> 인류를 향한 하나님의 목적은 단순히 제사장을 통해 나라를 세우는 것이 아니라, 우리가 곧 제사장의 나라가 되게 하는 데 있습니다. 즉 인간의 죄성과 중재자를 필요로 하는 백성들 때문에 구약 시대에 제사장 제도를 만드시긴 했지만, 하나님의 궁극적인 목적은 우리가 예수 그리스도의 중보 사역을 통해 하나님께 직접 나아오게 하는 것입니다. 그러므로 이제 다른 제사장은 필요 없게 되었습니다. 지성소에 들어가지 못하게 막던 휘장이 찢어진 것으로 예시된 바와 같이 십자가에서 그리스도께서 이루신 일로 말미암아 그리스도인들은 담대하게 하나님께 나아갈 수 있게 되었습니다(롬 5:1~5; 히 4:14~16).

Q 다니엘이 왕의 금령을 거부한 행위는 세상에 어떤 선언을 한 셈입니까?

Q 세상의 왕보다 높으신 하나님께 기도하는 것은 우리의 절대적 헌신을 어떻게 드러냅니까?

2. 구원해 주실 하나님을 신뢰하십시오(단 6:11~18)

¹¹그 무리들이 모여서 다니엘이 자기 하나님 앞에 기도하며 간구하는 것을 발견하고 ¹²이에 그들이 나아가서 왕의 금령에 관하여 왕께 아뢰되 왕이여 왕이 이미 금령에 왕의 도장을 찍어서 이제부터 삼십 일 동안에는 누구든지 왕 외의 어떤 신에게나 사람에게 구하면 사자 굴에 던져 넣

기로 하지 아니하였나이까 하니 왕이 대답하여 이르되 이 일이 확실하니 메대와 바사의 고치지 못하는 규례니라 하는지라 ¹³그들이 왕 앞에서 말하여 이르되 왕이여 사로잡혀 온 유다 자손 중에 다니엘이 왕과 왕의 도장이 찍힌 금령을 존중하지 아니하고 하루 세 번씩 기도하나이다 하니 ¹⁴왕이 이 말을 듣고 그로 말미암아 심히 근심하여 다니엘을 구원하려고 마음을 쓰며 그를 건져내려고 힘을 다하다가 해가 질 때에 이르렀더라 ¹⁵그 무리들이 또 모여 왕에게로 나아와서 왕께 말하되 왕이여 메대와 바사의 규례를 아시거니와 왕께서 세우신 금령과 법도는 고치지 못할 것이니이다 하니 ¹⁶이에 왕이 명령하매 다니엘을 끌어다가 사자 굴에 던져 넣는지라 왕이 다니엘에게 이르되 네가 항상 섬기는 너의 하나님이 너를 구원하시리라 하니라 ¹⁷이에 돌을 굴려다가 굴 어귀를 막으매 왕이 그의 도장과 귀족들의 도장으로 봉하였으니 이는 다니엘에 대한 조치를 고치지 못하게 하려 함이었더라 ¹⁸왕이 궁에 돌아가서는 밤이 새도록 금식하고 그 앞에 오락을 그치고 잠자기를 마다하니라

다리오왕은 신하들의 말을 듣고 "심히 근심하여" 그가 귀히 여기고 높이 평가하는 다니엘을 구할 방법을 찾고자 노력했습니다(14절). 불행히도 그는 자기 덫에 걸린 꼴이 되었습니다. 사악한 총리들이 메대와 바사의 다시 고치지 아니하는 규례에 관한 법적 구속력을 왕에게 상기시켰습니다(15절).

여기서 주목할 것은, 이 악한 사람들이 하나님께 신실한 사람인 다니엘을 믿고 의지해 왔다는 사실입니다. 다니엘은 과거의 신실함이 현재의 신실함을 대신할 수 없음을 알았습니다. 실제로 그에게 과거란 현재와 미래를 준비하게 했을 뿐이었습니다. 사람의 성품은 역경의 순간에 빚어지는 것이 아니라 역경의 순간에 드러납니다.

 이 역경은 다니엘의 신앙을 어떤 모습으로 드러냈습니까?

Q 다니엘의 꾸준한 기도 생활은 그가 이런 사람이 되는 데 어떤 역할을 했을까요?

_____

_____

다리오왕은 자신이 내린 결정을 돌이킬 수 없었기에 "다니엘을 끌어다가 사자 굴에 던져" 넣으라고 명령할 수밖에 없었습니다(16절). 그 굴은 아마도 입구가 위에 있는 구덩이였던 것 같습니다. 다니엘이 구덩이에 던져지려는 순간, 왕이 그에게 "네가 항상 섬기는 너의 하나님이 너를 구원하시리라" 하고 소리쳤습니다(16절). 스티븐 밀러는 이렇게 말했습니다. "다리오의 친구를 향한 염려는 감동적입니다. … 그것은 왕의 바람을 드러낸 말입니다."[2] 그러나 다니엘은 왕의 염려나 바람에 기대지 않았습니다. 그는 오직 하나님의 섭리와 주권을 신뢰했습니다!

> *"다리오왕은 다니엘의 하나님을 어떻게 알았을까요? 다니엘이 모든 사람 앞에서 절개 있게 살아왔으며, 자기 신앙을 숨기지 않았기 때문입니다. 그래서 하나님이 사자 굴에 던져진 다니엘과 함께하셨고, 결국 사자들은 밤새 그의 베개가 되고 말았습니다."[3]*
>
> *_토니 에반스*

18절은 "왕이 궁에 돌아가서는 밤이 새도록 금식하고 그 앞에 오락을 그치고 잠자기를" 마다했다고 전합니다. 분명히 다리오의 고관들은 잔치를 벌였을 것입니다. 그러나 왕은 그들과 기쁨을 나누지 못했습니다. 자신이 고관들의 손에 놀아났다는 것과 그 대가로 자신의 충성스러운 친구를 잃게 되었다는 사실을 깨달았기 때문입니다.

Q 하나님을 의지하는 다니엘의 모습은 다리오왕에게 어떤 증거가 되었을까요?

_____

_____

3. 사명을 위해 하나님이 구원해 주십니다(단 6:19~28)

¹⁹이튿날에 왕이 새벽에 일어나 급히 사자 굴로 가서 ²⁰다니엘이 든 굴에 가까이 이르러서 슬피 소리 질러 다니엘에게 묻되 살아 계시는 하나님의 종 다니엘아 네가 항상 섬기는 네 하나님이 사자들에게서 능히 너를 구원하셨느냐 하니라 ²¹다니엘이 왕에게 아뢰되 왕이여 원하건대 왕은 만수무강하옵소서 ²²나의 하나님이 이미 그의 천사를 보내어 사자들의 입을 봉하셨으므로 사자들이 나를 상해하지 못하였사오니 이는 나의 무죄함이 그 앞에 명백함이오며 또 왕이여 나는 왕에게도 해를 끼치지 아니하였나이다 하니라 ²³왕이 심히 기뻐서 명하여 다니엘을 굴에서 올리라 하매 그들이 다니엘을 굴에서 올린즉 그의 몸이 조금도 상하지 아니하였으니 이는 그가 자기의 하나님을 믿음이었더라 ²⁴왕이 말하여 다니엘을 참소한 사람들을 끌어오게 하고 그들을 그들의 처자들과 함께 사자 굴에 던져 넣게 하였더니 그들이 굴 바닥에 닿기도 전에 사자들이 곧 그들을 움켜서 그 뼈까지도 부서뜨렸더라 ²⁵이에 다리오왕이 온 땅에 있는 모든 백성과 나라들과 언어가 다른 모든 사람들에게 조서를 내려 이르되 원하건대 너희에게 큰 평강이 있을지어다 ²⁶내가 이제 조서를 내리노라 내 나라 관할 아래에 있는 사람들은 다 다니엘의 하나님 앞에서 떨며 두려워할지니 그는 살아 계시는 하나님이시요 영원히 변하지 않으실 이시며 그의 나라는 멸망하지 아니할 것이요 그의 권세는 무궁할 것이며 ²⁷그는 구원도 하시며 건져내기도 하시며 하늘에서든지 땅에서든지 이적과 기사를 행하시는 이로서 다니엘을 구원하여 사자의 입에서 벗어나게 하셨음이라 하였더라 ²⁸이 다니엘이 다리오왕의 시대와 바사 사람 고레스왕의 시대에 형통하였더라

다리오왕이 사자 굴에 가까이 이르러서 "슬피 소리 질러 다니엘에게 묻되 살아 계시는 하나님의 종 다니엘아 네가 항상 섬기는 네 하나님이 사자들에게서 능히 너를 구원하셨느냐" 하고 물었습니다(20절). 그는 그 안에서 저녁 식사를 마친 사자들이 만족감에 으르렁거리는 소리 외에 다른 소리가 들려오리

라고는 꿈에도 생각하지 못했을 것입니다.

그런데 놀랍게도 다니엘의 목소리가 들려왔습니다(21~22절)! 6장에서 유일하게 기록된 다니엘의 목소리입니다.

다니엘을 기적적으로 구원하신 하나님을 경험한 다리오는 "온 땅에 있는 모든 백성과 나라들과 언어가 다른 모든 사람들에게" 살아계신 하나님에 관한 조서를 내렸습니다(25절). 그 내용은 시편, 특히 2편을 연상케 합니다. 또한 다니엘의 말은 요한계시록 5장과 7장의 영광스러운 선교적 약속을 떠올리게 합니다.

다리오왕의 조서에 기록된 하나님의 속성들을 열거해 보십시오.	온 열방에서 영광과 존경을 받게 될 하나님의 궁극적인 사역이 조서에 어떻게 반영되었습니까?

하나님은 다시 한 번 자신의 신실한 종을 영예롭게 하셨습니다. 하나님이 바벨론 제국의 느부갓네살왕과 벨사살왕 시대에 다니엘에게 복을 주시고 영광스럽게 하셨던 것처럼, 메대-바사의 다리오왕 시대(바사의 고레스왕 시대, 28절)에도 또다시 그렇게 하셨습니다. 야고보서 4장 10절의 "주 앞에서 낮추라 그리하면 주께서 너희를 높이시리라"라는 진리가 울려 퍼집니다.

Q 구원자 하나님을 신뢰하는 것은 우리로 하여금 어떻게 이 세상에서 하나님의 사명을 감당하게 할까요?

결론

성경의 전체 이야기는 창세기 3장 15절의 원복음을 성취하실 구원자가 오실 것을 알려 줍니다. 우리는 출애굽기 12장의 유월절 같은 사건들이 예수님을 가리키는 것을 볼 수 있습니다. 때로는 성전이나 희생제사 같은 제도들이 그리스도를 가리키기도 합니다. 때로는 아담이나 아브라함이나 모세나 다윗이나 다니엘 같은 사람들이 장차 오실 왕을 예표하기도 합니다.

> "나는 의심의 여지없이 당신이 당신을 신뢰하는 모든 자에게 신실하신 하나님이심을 압니다. 내가 흑암 중에 있을 때, 당신은 나의 빛이 되십니다. 내가 감옥에 갇힐 때 당신은 나와 함께하십니다. 내가 버림받을 때, 당신은 나의 위로가 되십니다. 내가 죽을 때, 당신은 나의 생명이 되십니다." [4]
>
> _메노 시몬스

메시아를 예언한 시편 22편에서 의로우신 고난의 왕은 21절에서 "나를 사자의 입에서 구하소서" 하고 부르짖습니다. 하나님은 부활절 아침에 예수님을 죽은 자 가운데서 살리심으로써, 메시아인 예수님을 "사자의 입"에서 구하셨습니다. 부활하신 구세주를 따르는 우리에게 용기를 주시는 하나님을 찬양합시다!

그리스도와의 연결

하나님은 다니엘을 죽음에서 건지시는 능력을 보여 주셨습니다. 그리고 때가 이르자 하나님은 자기 백성을 죄에서 구원하시고, 자기 아들의 죽음과 부활을 통해 그들에게 영생을 주시는 능력을 보여 주셨습니다.

> 하나님은 때때로 우리에게 주님께 순종하기 위해 세상에 불순종할 것을 요구하십니다.

하나님의 계획
우리의 사명

1. 당신은 역경에 부딪혔을 때, 하나님을 신뢰하는 모습을 어떻게 보여 줍니까?

   _____

   _____

   _____

2. 어떻게 하면 이 세상에 하나님이 어떤 분이며, 우리를 위해 무엇을 하셨는지를 분명히 드러낼 수 있을까요?

   _____

   _____

   _____

3. 결과에 상관없이 주님께 순종하는 사람이 되도록 도와주실 것을 구하는 기도문을 작성해 보십시오.

   _____

   _____

   _____

사자 굴에서 다니엘을 건지신 하나님

＊
금주의 성경 읽기
시 146~150편;
왕상 9장;
대하 8장;
잠 25~26장

자기 백성을 고향으로 인도하시는 하나님

 신학적 주제) 하나님을 예배하는 것이 하나님의 백성에게는 가장 중요한 일입니다.

Session
5

아이랜드 신화에서 웨스트미스주의 위스니치 언덕은 아일랜드의 중심으로 여겨지며, 아일랜드 시골에 있는 성지로 '띤 플레이스'(Thin Place)로 알려져 있습니다. '띤 플레이스'란 영원한 세계와 물리적 세계가 만나는 지점을 가리킵니다.[1] 이 개념은 5세기경 켈트 문화에서 그 기원을 찾을 수 있습니다. 세계 곳곳에서 신비를 찾는 여행자들이 신을 만나길 기대하며 이 언덕을 찾아옵니다.

그리스도인인 우리는 여신의 무덤에서 뿜어져 나오는 신비로운 신성한 힘을 믿지 않습니다. 하지만 하나님이 예배 가운데 우리 가까이 오신다는 사실은 믿습니다.

포로 생활을 마치고 예루살렘으로 귀환하는 유대 백성들의 이야기는 당시 유대인들에게 특정한 장소에서 예배드리는

> "우리가 교회에 모이는 가장 근본적인 이유는 하나님께 영광을 돌려드리기 위해서입니다. 하나님께 당연히 드려야 할 예배를 공동 예배로 함께 드리기 위해 모이는 것입니다."[2]
>
> _매트 보즈웰

 Date .

것이 얼마나 중요했는지를 상기시켜 줍니다.

Q 하나님을 영적으로 강렬하게 경험했던 곳의 이름을 지어 보십시오(위치나 건물을 떠올려 보세요). 지금 그곳은 당신에게 어떤 의미입니까?

이 세션에서 우리는 하나님이 자기 백성을 포로 생활에서 건져 내어 약속의 땅으로 돌아가게 하겠다는 약속을 어떻게 지키셨는지를 볼 것입니다. 하나님의 백성이 예루살렘에 모였을 때, 그들은 하나님을 예배하는 것을 최우선으로 삼고, 행동으로 하나님의 신실하심을 선포했습니다. 그리스도인으로서 우리는 예배를 통해 죄와 죽음이라는 포로 생활에서 우리를 건지신 하나님께 감사합니다. 또한 우리는 예배를 통해 다른 사람들이 하나님의 선하심을 맛보아 알 수 있도록 주님의 선하심을 선포합니다.

1. 하나님은 자기 백성을 고향으로 돌아오게 하겠다는 약속을 지키십니다(스 1:1~8)

¹바사 왕 고레스 원년에 여호와께서 예레미야의 입을 통하여 하신 말씀을 이루게 하시려고 바사 왕 고레스의 마음을 감동시키시매 그가 온 나라에 공포도 하고 조서도 내려 이르되 ²바사 왕 고레스는 말하노니 하늘의 하나님 여호와께서 세상 모든 나라를 내게 주셨고 나에게 명령하사 유다 예루살렘에 성전을 건축하라 하셨나니 ³이스라엘의 하나님은 참 신이시라 너희 중에 그의 백성 된 자는 다 유다 예루살렘으로 올라가서 이스라엘의 하나님 여호와의 성전을 건축하라 그는 예루살렘에 계신 하나님이시라 ⁴그 남아 있는 백성이 어느 곳에 머물러 살든지 그곳 사람들

55

이 마땅히 은과 금과 그 밖의 물건과 짐승으로 도와주고 그 외에도 예루살렘에 세울 하나님의 성전을 위하여 예물을 기쁘게 드릴지니라 하였더라 5 이에 유다와 베냐민 족장들과 제사장들과 레위 사람들과 그 마음이 하나님께 감동을 받고 올라가서 예루살렘에 여호와의 성전을 건축하고자 하는 자가 다 일어나니 6 그 사면 사람들이 은 그릇과 금과 물품들과 짐승과 보물로 돕고 그 외에도 예물을 기쁘게 드렸더라 7 고레스왕이 또 여호와의 성전 그릇을 꺼내니 옛적에 느부갓네살이 예루살렘에서 옮겨다가 자기 신들의 신당에 두었던 것이라 8 바사 왕 고레스가 창고지기 미드르닷에게 명령하여 그 그릇들을 꺼내어 세어서 유다 총독 세스바살에게 넘겨주니

1절에 언급된 것처럼 예레미야 선지자의 예언은 고레스에 의해 성취되었는데, 그것은 다음 구절에서 비롯된 것입니다.

"여호와께서 이와 같이 말씀하시니라 바벨론에서 칠십 년이 차면 내가 너희를 돌보고 나의 선한 말을 너희에게 성취하여 너희를 이곳으로 돌아오게 하리라 여호와의 말씀이니라 너희를 향한 나의 생각을 내가 아나니 평안이요 재앙이 아니니라 너희에게 미래와 희망을 주는 것이니라"(렘 29:10~11. 참조, 렘 25:11~14).

오늘날 위의 구절은 하나님의 주권적인 손길이 그들의 미래를 쥐고 계신다는 것을 알림으로써 성도 개개인을 격려할 때 사용되곤 합니다. 그러나 문맥상 이 구절은 단순히 개인을 위한 메시지라기보다 온 이스라엘 공동체를 향한 하나님의 신실하심을 묘사하기에 훨씬 더 중요한 의미가 있습니다.

여기서 하나님의 계획은 궁극적으로 메시아를 가리키며, 그의 부활을 통해 창세기 3장의 타락으로 말미암아 잃었던 모든 것을 구원하실 것입니다. 이스라엘과의 약속을 지키셨던 하나님이 우리의 미래를 지켜 주고 계십니다.

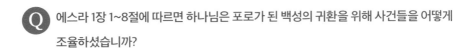 에스라 1장 1~8절에 따르면 하나님은 포로가 된 백성의 귀환을 위해 사건들을 어떻게 조율하셨습니까?

하나님이 자기 목적을 성취하기 위해 불신자들을 사용하신 것을 본 적 있습니까? 하나님은 그들을 어떻게 사용하셨습니까?

_____

_____

본문은 약속을 성취하시는 하나님을 향한 백성의 자연스러운 반응은 자기 소유를 기쁘게 드리는 것이라고 기록하고 있습니다(5~8절). 에스라 1장에 기록된 백성의 반응은 하나님께 첫 소산을 드리는 성경적인 사상과 맞닿아 있습니다. 즉 땅과 땅에서 난 모든 것이 하나님께 속했다는 사실과 우리는 청지기에 불과하다는 진리를 보여 주는 것입니다. 모든 것이 하나님의 것임을 아

> *"십자가의 궁극적인 목적이 보이기 시작하는 때는 우리와 함께하시려는 하나님의 불굴의 열망을 깨달을 때뿐입니다. 십자가는 우리를 죽음에서 건지시는 수단 그 이상입니다. 우리를 생명의 주 되신 분의 품에 안기게 하기 때문입니다."*[3]
> _스카이 제서니

는 청지기로서, 하나님의 백성은 하나님 나라의 사명을 위해 필요한 자원을 기쁘게 드려야 합니다.

 모든 것이 주님의 것이며 그분의 목적을 위해 사용되어야 함을 인정한다면, 당신의 청지기적 삶은 어떻게 바뀌어야 할까요?

_____

_____

2. 하나님의 백성은 예배를 최우선으로 삼습니다(스 3:1~7)

1 이스라엘 자손이 각자의 성읍에 살았더니 일곱째 달에 이르러 일제히 예루살렘에 모인지라 2 요사닥의 아들 예수아와 그의 형제 제사장들과 스알디엘의 아들 스룹바벨과 그의 형제들이 다 일어나 이스라엘 하나님의 제단을 만들고 하나님의 사람 모세의 율법에 기록한 대로 번제를 그

위에서 드리려 할 새 3무리가 모든 나라 백성을 두려워하여 제단을 그 터에 세우고 그 위에서 아침저녁으로 여호와께 번제를 드리며 4기록된 규례대로 초막절을 지켜 번제를 매일 정수대로 날마다 드리고 5그 후에는 항상 드리는 번제와 초하루와 여호와의 모든 거룩한 절기의 번제와 사람이 여호와께 기쁘게 드리는 예물을 드리되 6일곱째 달 초하루부터 비로소 여호와께 번제를 드렸으나 그때에 여호와의 성전 지대는 미처 놓지 못한지라 7이에 석수와 목수에게 돈을 주고 또 시돈 사람과 두로 사람에게 먹을 것과 마실 것과 기름을 주고 바사 왕 고레스의 명령대로 백향목을 레바논에서 욥바 해변까지 운송하게 하였더라

귀환한 이스라엘 백성은 모세의 율법을 따라 예배했습니다(2절). 율법(모세오경)은 하나님의 백성에게 하나님을 예배할 때 이웃 나라에서 자기 신들을 예배하는 것처럼 하지 말라고 분명히 경고합니다(참조, 신 12:30~31).

하나님이 율법을 지키게 하신 한 가지 목적은 이스라엘을 이웃 나라 사람들과 구별된 공동체로 만들기 위함이었습니다. 그러한 구별은 이웃과 불편한 관계를 만들고자 한 것이 아니라 주님의 길이 더 좋음을 보여 주시기 위함이었습니다.

사탄은 하나님의 백성이 그분께 신실하지 못하도록 더욱 악랄하게 역사합니다. 주의를 기울이지 않으면, 주변을 둘러싼 문화와 어우러져 하나님 나라의 가치를 서서히 왜곡할 수 있습니다. 하나님을 예배하는 데 계속해서 신실할 수 있도록, 하나님의 방식과 계획에 따라 우리의 생각을 끊임없이 새롭게 해야 합니다.

> **핵심교리 99**
>
> **8. 성경의 보존**
>
> 하나님은 영감을 불어넣어 오류가 없게 하신 성경 본문을 통해 인류에게 자신을 계시하기로 결정하셨습니다. 또한 하나님은 성경 본문이 미래 세대를 위해 충실히 보존될 수 있도록 역사 흐름 속에서 섭리하셨습니다. 정경의 형성 과정과 수 세기에 걸친 사본들의 충실한 전달 과정이 성경 보존에 관한 믿음을 뒷받침해 줍니다.

 Q 기독교 예배와 다른 종교들의 예배는 어떤 면에서 다릅니까?

Q 기독교가 주변 문화와 섞이지 않는 것이 왜 중요할까요?

_____

_____

에스라 1장 1~8절의 주제와 일치하는 3장 5~7절은 주님께 드리는 하나님 백성의 넘치는 기쁨을 그리고 있습니다. 진정한 예배자는 하나님을 예배할 때 인색하지 않습니다.[4] 봉헌을 예배의 필수 요소로 받아들이기 어렵다면, 아마도 하나님보다 하나님이 주시는 선물을 더 소중히 여기기 때문일 것입니다.

마찬가지로 우리는 하나님보다 예배의 절차나 의식에 치중하는 경향이 있습니다. 본문을 보면, 성전이 아직 완공되지 않은 상태에서 제사가 다시 드려지고 있습니다. 성전이 파괴된 탓에, 그들은 항상 계시는 하나님의 성품과 예배의 수단으로서 성전의 가치를 재발견할 수 있었습니다.

Q 예배에서 봉헌은 하나님을 향한 사랑과 헌신에 관해 무엇을 보여 줍니까?

_____

_____

Q 어떨 때 예배 전통이 예배의 대상이신 하나님보다 더 우선시됩니까?

_____

_____

3. 하나님의 백성은 주님의 선하심을 선포합니다(스 3:8~13)

[8]예루살렘에 있는 하나님의 성전에 이른 지 이 년 둘째 달에 스알디엘의 아들 스룹바벨과 요사닥의 아들 예수아와 다른 형제 제사장들과 레위 사람들과 무릇 사로잡혔다가 예루살렘에 돌아온 자들이 공사를 시작하고 이십 세 이상의 레위 사람들을 세워 여호와의 성전 공사를 감독하게 하매 [9]이에 예수아와 그의 아들들과 그의 형제들과 갓미엘과 그의 아들

들과 유다 자손과 헤나닷 자손과 그의 형제 레위 사람들이 일제히 일어나 하나님의 성전 일꾼들을 감독하니라 10건축자가 여호와의 성전의 기초를 놓을 때에 제사장들은 예복을 입고 나팔을 들고 아삽 자손 레위 사람들은 제금을 들고 서서 이스라엘 왕 다윗의 규례대로 여호와를 찬송하되 11찬양으로 화답하며 여호와께 감사하여 이르되 주는 지극히 선하시므로 그의 인자하심이 이스라엘에게 영원하시도다 하니 모든 백성이 여호와의 성전 기초가 놓임을 보고 여호와를 찬송하며 큰 소리로 즐거이 부르며 12제사장들과 레위 사람들과 나이 많은 족장들은 첫 성전을 보았으므로 이제 이 성전의 기초가 놓임을 보고 대성통곡하였으나 여러 사람은 기쁨으로 크게 함성을 지르니 13백성이 크게 외치는 소리가 멀리 들리므로 즐거이 부르는 소리와 통곡하는 소리를 백성들이 분간하지 못하였더라

이 장면에서 다양한 예배 형식을 볼 수 있습니다. 즉 예식을 통해 하나님의 선하심을 선포하고(11절), 악기들을 연주하며(10절), 큰 소리로 찬양하고(11~13절), 감격에 젖어 우는 모습을 볼 수 있습니다(12~13절).

본문 속 예배 형식은 인간 존재의 다양한 부분이 각기 다른 방식으로 예배에 참여하고 있음을 보여 줍니다. 교회 생활에서 성도들은 다양한 방식으로 성경적 예배에 참여하는 이들로부터 자신을 분리시켜 차단하는 경향이 있습니다. 일반적으로 지역 교회 단체들은 각기 특정한 예배 유형을 선호하며, 자기와 다른 방식으로 예배하는 이들을 우습게 보는 경향이 있습니다.

사람의 몸이 아름다운 이유는 몸의 각 기관이 서로 다르지만 하나 되어 조화를 이루기 때문입니다. 하나님을 향한 사랑도 마찬가지입니다. 하나님을 향한 사랑의 방식이 비록 다를지라도 서로의 방식을 이해하고 배우며 하나 되어 조화를 이루면, 하나님을 향해 더욱 아름다운 사랑을 표현할 수 있게 됩니다.

 다른 예배 스타일을 우습게 여긴 적이 있습니까?

Q 나와는 다른 방식으로 예배드리는 사람들에게서 무엇을 배울 수 있습니까?

예배의 다양성을 증진하는 또 다른 촉매는 하나님이 다른 환경에서 살아가는 다양한 사람들을 주님께로 이끄신다는 사실입니다. 12~13절은 전 세대가 모여서 예배드리는 장면을 그리면서, 성전의 기초가 놓인 것을 보고 각 세대가 보인 반응을 묘사합니다.

젊은이와 노인이 다 함께 하나님께 찬양을 올려 드렸습니다. 그들은 서로 다른 삶의 정황 속에서 다양한 모습으로 표현했지만, 한목소리로 주님께 영광을 돌렸습니다. 멀리서도 그 소리를 들을 수 있을 정도였습니다(13절). 하나님께 드리는 예배는 본질적으로 사명에 초점이 맞춰져 있습니다. 다양한 모습과 목소리를 가진 하나님의 백성이 하나 되어 각기 다른 방식으로 하나님의 신실하심을 기념했으며, 이스라엘 주변 나라 사람들에게 영향을 미쳤습니다. 하나님의 선하심을 선포하는 데 하나 된 하나님의 백성은 세상을 향한 강력한 증인입니다.

Q 하나님은 어떤 식으로 당신과 당신의 교회에 선하게 역사하셨습니까?

_____

_____

_____

_____

> *"분명히 하나님은 우리가 홀로 조용히 있을 때 특별한 방법으로 주님의 임재를 경험하게 하십니다. 그러나 또한 하나님은 그분의 이름으로 노숙자를 위한 집을 지을 때도, 주일학교 선생님이 소란스러운 남자아이들을 사랑할 때도, 어려운 시기를 보내고 있는 동료에게 따뜻한 말 한마디를 전할 때도, 일을 망쳐 버린 직원을 품어 줄 때도 주님의 임재를 경험하게 하십니다."[5]*
>
> _마크 D. 로버츠

결론

에스라 3장의 기록 목적은 성전 재건에 관한 이야기를 들려주는 데 있지만, 그 내용이 의미하는 바는 그리스도의 십자가와 예수님 재림의 예시입니다. 하나님은 바벨론의 포로가 된 자기 백성을 구해 돌아오게 하겠다는 약속을 지키셨고, 하나님을 예배할 수 있도록 자유를 되찾아 주셨습니다. 모든 인간은 아담과 하와의 죄로 인해 에덴동산에서 쫓겨나 세상의 포로가 된 상태이기에 구원이 필요합니다. 예수님은 자기 백성의 포로 생활을 끝내기 위해 오셨고, 그들을 고향으로 돌아오게 하여 하나님께 예배할 자유를 회복시켜 주십니다. 이것이 우리로 하여금 궁극적으로 주님이 홀로 나라를 통치하며 다스리실 그때에 관심을 기울이게 합니다.

예배는 하나님을 사랑하고, 하나님의 선하심을 드러냄으로써 이웃을 사랑하라고 하신 그리스도인의 이중 소명이 교차하는 지점에 있습니다. 하나님은 우리에게 어디로 보내지든지, 어떤 대가를 치르든지 상관없이 예배를 최우선으로 여기라고 말씀하십니다. 이를 통해 다른 이들이 주 예수 그리스도의 선하심을 보게 되고, 하나님을 예배하는 자리에 동참하게 될 것입니다.

그리스도와의 연결

하나님은 바벨론의 포로가 된 자기 백성을 구해 고향으로 돌아오게 하겠다는 약속을 지키셨고, 하나님을 예배할 수 있도록 자유를 되찾아 주셨습니다. 모든 인간은 아담과 하와의 죄로 인해 에덴동산에서 쫓겨나 세상의 포로가 된 상태이기에 구원이 필요합니다. 예수님은 자기 백성의 포로 생활을 끝내기 위해 오셨고, 그들을 고향으로 돌아오게 하여 하나님께 예배할 자유를 회복시켜 주십니다.

하나님의
계획
우리의 사명

하나님은 우리에게 예배를 최우선으로 삼음으로써 다른 사람들에게 하나님의 선하심을 보이라고 말씀하십니다.

1. 하나님은 청지기인 우리에게 무엇을 주셨습니까? 예수님을 알리는 하나님의 구속 사역에 그 자원들을 어떻게 활용하면 좋을까요?

_____

_____

_____

2. 개개인이 하나님의 선하심을 증거하는 데 도움이 될 수 있도록 교회/공동체는 구체적으로 어떻게 기도할 수 있을까요?

_____

_____

_____

3. 어떻게 하면 교회/공동체에서 하나님이 베푸신 복을 찬양하고, 감사하는 시간을 정기적으로 가질 수 있을까요?

_____

_____

_____

자기 백성을 고향으로 인도하시는 하나님

*
금주의 성경 읽기
잠 27~29장;
전 1~6장

The Gospel Project

포로 공동체 중 포로 공동체 중 | 불로 불로 | 벽에 쓰인 벽에 쓰인 | 구원받은 | 구원받은 향으로 가는 고향으로 가는 | **성전 재건**성전 재건
신실하게 살기 신실하게 살기 | 시험받다 시험받다 | 손글씨 손글씨 | 다니엘 | 다니엘 여정 | 여정

역경을 통해 살리시는 하나님

신학적
주제
) 하나님은 역경을 통해 자기 백성을 살리실 것이며, 대적자들로
하여금 태도를 바꾸게 하여 자기 뜻을 이루실 것입니다.

Session
6

　　매사추세츠주의 보스턴은 1630년에 세워져, 자동차용 도로가 설계되지
않았습니다. 정돈되지 않은 길로 인해 발생하는 교통 체증을 해결하기 위해, 보
스턴은 '중심동맥 프로젝트'(the Central Artery/Tunnel Project)를 계획해 1982년
에 착수했습니다.

　　일명 '빅 딕'(Big Dig)이라고도 하는 이 공사는 미국 역사상 가장 큰 비용
이 든 고속도로 건설 프로젝트였습니다. 프로젝트의 과정은 순탄치 않았습니
다. 기준 미달 재료 사용, 설계 결함, 터널 내 누수 발생, 추가 비용 발생, 법정 문
제에 이르기까지 많은 난관이 있었습니다. 그러나 도시계획 담당자들은 이 프
로젝트를 둘러싼 정치·사회·경제적 어려움에도 불구하고, '보스턴의 교통 혼잡
해결'이라는 주목적을 이루기 위해 최선을 다했습니다. 그리고 마침내 막대한
비용이 들긴 했지만 프로젝트가 완성되었습니다.

　　대도시 보스턴의 '교통 위기'를 타개하기 위한 노력은 가치 있는 무언가
를 만들기 위해 일하는 것이 얼마나 힘든 일인지를 잘 보여 줍니다. 이런 일들

Date　　.　　.

여정을 통해 살리시는 하나님

에는 문제나 걸림돌이 자주 발생하기 때문입니다.

 건물이나 회사를 세우는 일에 참여해 본 적이 있습니까? 그 과정에서 어떤 문제들에
부딪혔습니까?

하나님의 백성들이 바벨론에서 고향
으로 돌아오긴 했지만, 그것은 재건의 시
작에 불과했습니다. 하나님께 순종해 성전
을 재건할 때, 그들은 반대에 부딪혔고 역경
에 직면했습니다. 이때 그들은 저항에 굴복
하지 않고 하나님의 말씀에 귀를 기울이기
로 선택했습니다. 그 결과 그들은 하나님께
부름받은 사역을 완성할 수 있었고, 그들을

> "선한 사람은 한순간의 성공에
> 자만하지 않을 뿐만 아니라 역
> 경으로 인해 무너지지도 않습
> 니다. 고난의 파도는 선을 시험
> 하고 정결하게 하며 향상시키
> 지만 악은 때리고 부수어 깨끗
> 이 씻어 버릴 것입니다."[1]
> _어거스틴

통해 이루신 하나님의 사역을 기념할 수 있었습니다. 오늘날 하나님의 백성인
우리는 우리 앞에 놓인 사명을 신실하게 감당하도록 부름받았습니다. 하나님
은 우리에게 어떤 역경을 만나든지 마음과 삶을 변화시키시는 주님을 신뢰하
라고 말씀하십니다.

1. 하나님께 순종할 때, 반대에 부딪힐 수 있습니다(스 4:1~7)

¹사로잡혔던 자들의 자손이 이스라엘의 하나님 여호와의 성전을 건축한
다 함을 유다와 베냐민의 대적이 듣고 ²스룹바벨과 족장들에게 나아와
이르되 우리도 너희와 함께 건축하게 하라 우리도 너희같이 너희 하나님
을 찾노라 앗수르 왕 에살핫돈이 우리를 이리로 오게 한 날부터 우리가

하나님께 제사를 드리노라 하니 ³스룹바벨과 예수아와 기타 이스라엘 족장들이 이르되 우리 하나님의 성전을 건축하는 데 너희는 우리와 상관이 없느니라 바사 왕 고레스가 우리에게 명령하신 대로 우리가 이스라엘의 하나님 여호와를 위하여 홀로 건축하리라 하였더니 ⁴이로부터 그 땅 백성이 유다 백성의 손을 약하게 하여 그 건축을 방해하되 ⁵바사 왕 고레스의 시대부터 바사 왕 다리오가 즉위할 때까지 관리들에게 뇌물을 주어 그 계획을 막았으며 ⁶또 아하수에로가 즉위할 때에 그들이 글을 올려 유다와 예루살렘 주민을 고발하니라 ⁷아닥사스다 때에 비슬람과 미드르닷과 다브엘과 그의 동료들이 바사 왕 아닥사스다에게 글을 올렸으니 그 글은 아람 문자와 아람 방언으로 써서 진술하였더라

대적들이 연합해서 유대인들이 성전을 건축하지 못하도록 방해했습니다. 우리는 '대적'들이 처음에는 선한 의도로 유대인들을 도와주려 했다는 사실을 알아야 합니다. "우리도 너희같이 너희 하나님을 찾노라"(2절)라는 그들의 말은 사실이었습니다. 하지만 그것은 자기들 만신전에서 거짓 신들과 함께 하나님을 예배하겠다는 뜻이었습니다. 다시 말해서, 그들은 지역의 모든 거짓 신과 더불어 하나님을 모시겠노라고 주장했던 것입니다.

유대인들끼리 성전을 건축하겠다는 주장은 주님만이 홀로 하나님이시며 새로운 성전에 다른 어떤 '신'도 들일 수 없다는 선언입니다(스 4:3). 이는 그리스도인들이 "예수를 주로 시인"(롬 10:9; 빌 2:11)하는 것과 같은 주장입니다.

관용과 개방을 절대적인 가치로 여기는 사회에서 그리스도인들은 '타협'이라는 위험에 직면합니다. 사회는 마치 모든 종교적 신념이 근본적으로 똑같다는 듯이, 기독교와 다른 종교의 차이를 최소로 줄이라고 강요합니다. 그러나 사회의 이 혼란스러운 사상은 그리스도인들에게 동시에 두 가지 일을 할 기회를 제공해 줍니다. 첫째, 분명한 성경적 가르침을 지키는 것과 둘째, 잘못 생각하는 이들에게 사랑을 표현하는 것입니다.

 오늘날 순종하는 그리스도인들이 겪게 되는 반대나 역경에는 어떤 것들이 있습니까?

대적의 반대에 맞선 유대인들의 모습에서 무엇을 배울 수 있습니까?

_____

_____

　　이스라엘 백성이 신앙의 순수성을 지키려 하자, 대적들이 방해 공작을 펼쳤습니다(스 4:4~7). 개인의 좌절과 두려움이 제도적인 억압으로 이어지는 파급 효과에 주목하십시오. 대적들은 관리들에게 뇌물을 주면서까지 성전 건축을 막았습니다.

　　하나님의 백성은 이 세상에서 시련을 겪을 때 두 가지 생각을 붙들어야만 합니다. 첫째, 지금 이 세상은 우리의 진짜 집이 아닙니다(벧전 2:11). 둘째, 우리는 이 세상에서 화평의 대사입니다. 그리스도께서 타락으로 깨어진 세상을 결국 회복하시리라는 (창 3장; 계 21:1~2) 약속은 세상에서 물러나 있

> *"우리의 좌우명은 계속해서 '인내'여야 합니다. 그리고 나는 전능하신 하나님이 결국 우리 수고에 성공으로 면류관을 씌워주시리라 믿습니다."* [2]
> _윌리엄 윌버포스

어도 좋다는 '청신호'가 아닙니다. 그리스도의 대사로서 우리는 하나님 나라를 신실하게 증거해야만 합니다.

 오늘날 그리스도인의 신앙을 흔드는 반대나 역경에는 어떤 것들이 있습니까?

_____

_____

2. 대적의 말을 듣지 말고, 하나님의 말씀을 들으십시오(스 5:1~5)

　　대적들의 방해로 성전 재건이 약 16년 동안이나 중단되었습니다.

[1] 선지자들 곧 선지자 학개와 잇도의 손자 스가랴가 이스라엘의 하나님의 이름으로 유다와 예루살렘에 거주하는 유다 사람들에게 예언하였더

니 ²이에 스알디엘의 아들 스룹바벨과 요사닥의 아들 예수아가 일어나 예루살렘에 있던 하나님의 성전을 다시 건축하기 시작하매 하나님의 선지자들이 함께 있어 그들을 돕더니 ³그때에 유브라데강 건너편 총독 닷드내와 스달보스내와 그들의 동관들이 다 나아와 그들에게 이르되 누가 너희에게 명령하여 이 성전을 건축하고 이 성곽을 마치게 하였느냐 하기로 ⁴우리가 이 건축하는 자의 이름을 아뢰었으나 ⁵하나님이 유다 장로들을 돌보셨으므로 그들이 능히 공사를 막지 못하고 이 일을 다리오에게 아뢰고 그 답장이 오기를 기다렸더라

하나님은 학개와 스가랴 두 선지자를 통해 격려가 절실한 하나님의 백성들을 꾸짖으며 권면하셨습니다. 선지자의 사명은 "영적 갱신을 불러일으키고, 주님을 제대로 예배하도록 하나님의 백성에게 동기를 부여하는 것"이었습니다. ³

선지자들은 백성들의 우선순위에 대해 엄중히 비판했습니다. 학개 선지자는 백성들의 관심이 하나님에서 개개인의 행복으로 옮겨짐으로써 하나님의 성전 짓기를 게을리하고 있다고 책망했습니다. 백성들이 성전은 폐허 상태로 내버려둔 채, 자신들은 좋은 집에서 살고 있다고 한탄한 것입니다(학 1:3~6). 영적 무관심이 시작되면, 하나님의 사명을 감당하려는 열정을 가지고 하나님을 기리는 성전을 짓는 일을 추구하는 것에서 안락함을 얻기 위해 불건전한 일을 추구하는 것으로 관심이 옮겨지게 마련입니다.

> **핵심교리 99** **4. 성경의 무오성**
>
> '성경의 무오성'이란 성경의 모든 가르침이 전적으로 진실하며, 어떤 오류도 없음을 믿는 것을 가리킵니다. 성경의 무오성은 성경 저자들이 인간 관찰자로서 관찰한 기록과 어림수들, 특이한 문법 구조나 특정한 사건에 관한 다양한 시각을 성경 본문에 넣었을 가능성을 배제하지 않습니다. 하지만 성경은 구원의 확실한 안내서이며, 성경이 전하는 것은 모두 진리임을 믿습니다 (마 5:18; 요 10:35; 딛 1:2; 히 6:18).

 영적 무관심을 보여 주는 징후는 무엇입니까?

Q 성경은 우리 삶에서 이루어지는 하나님의 부르심을 어떤 식으로 일깨워 주며, 우선순위를 재조정하는 데 어떤 역할을 합니까?

_____

_____

에스라 5장 3~5절에 기록된 유대인들을 향한 반대를 보면, 낙담하게 하는 말을 들을 때 하나님의 말씀에 친숙한 것이 얼마나 중요한지를 알게 됩니다. 대적의 말이 아닌 하나님의 말씀에 초점을 맞추는 훈련을 해야 합니다.

다리오왕에게 성전을 건축하는 자들의 명단이 보내진 위험한 상황에서도 하나님은 계속해서 신실하게 역사하셨습니다(5절, 다리오에게 간단한 서신이 전달되는 데 약 4~5개월이 걸렸습니다). 닷드내가 왕에게서 답장을 받기까지 성전 건축을 중단시킬 수도 있었지만, 에스라는 건축을 계속하게 하시는 하나님의 간섭하심을 강조했습니다.

Q 오늘날 세계에서 그리스도인들이 공통적으로 경험하는 반대에는 어떤 것들이 있을까요? 유독 우리 문화에서만 그리스도인들이 경험하는 반대에는 어떤 것들이 있나요?

_____

_____

_____

Q 성경은 우리로 하여금 반대를 이겨낼 수 있도록 어떻게 힘을 줍니까?

_____

_____

3. 마음을 바꾸게 하시는 하나님을 찬양하십시오(스 6:13~22)

13다리오왕의 조서가 내리매 유브라데강 건너편 총독 닷드내와 스달보스내와 그들의 동관들이 신속히 준행하니라 14유다 사람의 장로들이 선지자 학개와 잇도의 손자 스가랴의 권면을 따랐으므로 성전 건축하는 일

이 형통한지라 이스라엘 하나님의 명령과 바사 왕 고레스와 다리오와 아닥사스다의 조서를 따라 성전을 건축하며 일을 끝내되 ¹⁵다리오왕 제육년 아달월 삼일에 성전 일을 끝내니라 ¹⁶이스라엘 자손과 제사장들과 레위 사람들과 기타 사로잡혔던 자의 자손이 즐거이 하나님의 성전 봉헌식을 행하니 ¹⁷하나님의 성전 봉헌식을 행할 때에 수소 백 마리와 숫양 이백 마리와 어린양 사백 마리를 드리고 또 이스라엘 지파의 수를 따라 숫염소 열두 마리로 이스라엘 전체를 위하여 속죄제를 드리고 ¹⁸제사장을 그 분반대로, 레위 사람을 그 순차대로 세워 예루살렘에서 하나님을 섬기게 하되 모세의 책에 기록된 대로 하게 하니라 ¹⁹사로잡혔던 자의 자손이 첫째 달 십사일에 유월절을 지키되 ²⁰제사장들과 레위 사람들이 일제히 몸을 정결하게 하여 다 정결하매 사로잡혔던 자들의 모든 자손과 자기 형제 제사장들과 자기를 위하여 유월절 양을 잡으니 ²¹사로잡혔다가 돌아온 이스라엘 자손과 자기 땅에 사는 이방 사람의 더러운 것으로부터 스스로를 구별한 모든 이스라엘 사람들에게 속하여 이스라엘의 하나님 여호와를 찾는 자들이 다 먹고 ²²즐거움으로 이레 동안 무교절을 지켰으니 이는 여호와께서 그들을 즐겁게 하시고 또 앗수르 왕의 마음을 그들에게로 돌려 이스라엘의 하나님이신 하나님의 성전 건축하는 손을 힘 있게 하도록 하셨음이었더라

BC 515년 3월 12일, 기념식이 시작되었습니다. 건축이 재개된 지 4년 만이고(학 1:15), 성전 재건이 시작된 지 20년 만이었습니다(스 3:8). BC 586년에 솔로몬 성전이 파괴된 후 정확히 70년이 지나고서야 두 번째 성전이 완공되었습니다.

성전을 완공하고 기념식을 드리는 것은 하나님 백성의 삶에서 매우 중요한 부분입니다. 하나님의 백성이 서로 교제하고, 예배하며, 하나님께 영광을 돌려드리는 행사이기 때문입니다. 이러한 행사를 통해 이스라엘 공동체는 결속을 다지고, 그들의 역사와 목적을 이해할 수 있었습니다.[4] 근본적으로 이러한 기념일들은 하나님의 백성이 여러 세대에 걸친 하나님의 구원 역사를 기억하는 데 도움이 되었습니다.

Q 자신의 기념일에 기독교 신앙을 접목해 보려고 한 적이 있습니까?

_____

_____

_____

Q 자신의 인생에서 하나님이 보여 주신 선하심의 증거로 어떤 것을 기념해 본 적이 있습니까?

_____

_____

에스라 6장의 절정은 유월절을 다시 지키게 된 것입니다(스 6:19). 주님을 제대로 예배하면, 기념식을 통해서도 방관자들이 예배자가 되는 효과가 일어납니다. 21절은 바벨론에 붙잡혀 가지 않고 유다에 남아 살고 있던 유대인들이 있었음을 보여 줍니다. 이들은 하나님을 믿지 않는 비유대적 문화에 동화되어 있었습니다. 그러나 귀환한 백성들이 축하하며 열광하자 그들도 이스라엘의 한 분 참 하나님을 예배하기 위해 다시 돌아왔습니다.

유다에 남아 있던 유대인들이 "자기 땅에 사는 이방 사람의 더러운 것으로부터 스스로를 구별"하며 주님을 찾기 시작한 것입니다(21절). 귀환한 이스라엘 백성들은 성전 완공뿐 아니라 하나님이 다리오왕을 통해 이루신 변화와 방탕했던 이들이 하나님을 바르게 예배하게 된 것을 축하했습니다.

Q 기념행사는 복음 전도에 어떤 역할을 하나요?

_____

_____

결론

그리스도인은 하나님이 자기 계획을 성취하시리라는 진리를 신뢰할 수 있습니다. 하나님은 역경 가운데서도 자기 백성을 살리실 것입니다. 나아가 하나님은 반대에 부딪히거나 역경에 직면하는 일에서 물러나 계시는 분이 아닙니다. 그리스도께서는 만사에 성부 하나님께 순종할 때마다 유혹과 반대에 직면하셨습니다.

우리는 그리스도의 모범을 통해, 그리고 성령님의 능력에 의지해 우리가 처한 상황이 어떠하든지 하나님께 순종할 힘을 얻습니다. 하나님은 우리에게 대적이 어떤 말을 하든지 신경 쓰지 말고 계속해서 순종하며, 하나님이 우리의 믿음뿐 아니라 대적들의 마음까지 바꾸어 주실 것을 신뢰하라고 말씀하십니다.

> *"사자를 지켜 줘야 한다고 생각하는 사람들이 있다고 가정해 봅시다. 사자는 우리에 갇혀 있고, 사람들은 사자를 지키기 위해 싸울 준비를 합니다.*
> *내가 그들에게 제안할 수 있는 것은 살며시 뒤로 물러나 문을 열고 사자가 나가도록 해 주라는 것입니다. 그것이 사자를 지키는 최선의 방법이라고 믿기 때문입니다. 그리고 복음을 위한 최선의 '변호'는 복음을 놓아 풀어 주는 것입니다."* [6]
>
> _찰스 스펄전

그리스도와의 연결

순종함으로 하나님께 예배드리려는 하나님의 백성이 반대에 직면했듯이 예수님도 만사에 성부 하나님께 순종할 때마다 유혹과 반대에 직면하셨습니다. 예수님이 인내하며 사역하신 데서, 우리도 어떠한 상황에서도 하나님께 순종할 힘을 얻습니다.

하나님의 계획 우리의 사명	하나님은 우리가 대적이 어떤 말을 하든지 상관없이 계속해서 순종하며, 하나님이 우리 믿음과 주님께 대적하는 자들의 마음과 생각을 바꾸어 주실 것을 신뢰하라고 말씀하십니다.

1. 지역 사회나 세상에서 반대에 직면했을 때, 어떻게 하면 교회/공동체가 서로 돕도록 지원할 수 있을까요?

_____

_____

_____

2. 반대와 저항에 직면하는 가운데서도 그리스도를 세상에 잘 드러내기 위해 어떻게 해야 할까요(참조, 벧전 3:8~18)?

_____

_____

_____

3. 사람들을 주님께로 이끄는 방식으로 역사하시는 하나님의 사역 기준을 어떻게 기념할 수 있을까요?

_____

_____

_____

역경을 통해 섭리하시는 하나님

> *
> 금주의 성경 읽기
> 전 7~12장;
> 왕상 10~11장;
> 대하 9장;
> 잠 30~31장

73

공급하시는
하나님

에스더, 느헤미야,
말라기

Unit 2

암송 구절

이들은 주께서 일찍이 큰 권능과 강한 손으로 구속하신 주의 종들이요 주의 백성이니이다 주여 구하오니 귀를 기울이사 종의 기도와 주의 이름을 경외하기를 기뻐하는 종들의 기도를 들으시고 오늘 종이 형통하여 이 사람 앞에서 은혜를 입게 하옵소서 하였나니 그 때에 내가 왕의 술 관원이 되었느니라

느헤미야 1장 10~11절

이때를 위함이 아닌가

 신학적 주제 하나님은 우리 눈에 보이지 않으실지라도 자기 계획을 이루고 계십니다.

Session 7

하나님이 계시지 않은 것처럼 느껴졌던 때가 있습니까? 하나님의 음성이 들리지 않았던 때가 있습니까? 주님을 필요로 할 때, 주님이 나를 버리시거나 잊으신 것처럼 느껴졌던 때는 없습니까? 비극적인 일이나 실패나 슬픔이 닥쳤을 때, 하나님의 선하심에 의문을 가져본 적은 없나요?

뉴스만 봐도 과연 하나님이 여전히 역사하시며 세상을 다스리고 계신 것인지 의문이 들 수 있습니다. 뉴스 속 세상에는 학대, 빈곤, 억압, 불의가 가득하기 때문입니다. 그 속에서 하나님을 찾을 수 없다고 생각할 수 있습니다.

> "하나님의 은혜로 용기를 얻은 많은 여성이 영웅적인 일을 성취해 내곤 했습니다. … 에스더는 위험을 무릅쓰고 절대 군주에게 간청했고, 그는 그녀의 영혼에 온유함이 깃든 것을 보고, 그녀의 부탁대로 백성들을 구해 주었습니다."[1]
>
> _로마의 클레멘트

Q 하나님이 이 세상을 돌보며 도우신다는 것을 의심하게 만들었던 비극적인 사건에는

 Date . .

어떤 것들이 있습니까?

Q 어떤 상황에서 그런 의심을 하게 되었습니까?

　이 세션에서는 에스더 이야기의 앞부분을 살펴볼 것입니다. 에스더를 통해 우리는 하나님의 섭리가 보이지 않는 상황에서도 하나님을 찾는 법을 배우게 될 것입니다. 또한 세상을 위한 하나님의 주권적인 계획에서 우리도 어떤 역할을 감당하고 있음을 깨닫게 될 것입니다. 그래서 어떤 대가를 치르더라도 하나님을 따르는 위험을 감수하는 용기를 얻게 될 것입니다. 하나님의 백성으로서 우리는 하나님이 우리를 어떻게 쓰고자 하시는지 그 목적을 발견하고 성취해야만 합니다. 하나님은 땅끝까지 구원을 펼치시는 자신의 위대한 계획에 우리가 동참하기를 원하십니다.

1. 하나님이 숨어 버리신 것처럼 느껴질 때도 하나님을 구하십시오(에 4:1~7)

　에스더는 고아였습니다. 사촌 오빠인 모르드개가 그녀를 키웠습니다. 불우한 가정사에 이민 가정에서 자란 탓에 인종적, 종교적, 문화적으로 소수 집단에 속할 수밖에 없었습니다. 당시는 유대인들에게 비호의적인 문화가 지배적이었기 때문에 모르드개는 에스더의 배경과 정체성을 숨길 필요가 있었습니다(에 2:10). 에스더는 외부인이 된다는 것이 무엇을 의미하는지 잘 알고 있었습니다.

　모르드개는 에스더를 궁으로 데려갔습니다. 어리고 고운 외모를 가진 그녀는 난폭한 남자와 억지로 결혼을 하게 되었습니다. 아하수에로왕은 세상에서 가장 강력한 통치자였고, 신랑 신부의 나이 차이가 컸으므로 아하수에로와 에스더의 관계는 하늘과 땅과 같았습니다.

왕의 측근 중 하나인 하만은 모르드개를 미워했습니다. 그로 인해 유대인들까지 미워하게 되었는데, 유대인의 문화와 민족성과 종교적 신념을 싫어했습니다. 하만은 왕에게 바사의 문화에 완전히 동화되기를 거부하는 일부 유대인이 바사 제국에 위협이 된다고 말했습니다. 그는 왕과 가까운 관계를 이용해 바사 제국 전역에 사는 유대인들을 진멸하라는 조서에 왕의 반지를 찍도록 왕을 부추겼습니다. 정해진 날이 되면, 바사의 군대와 시민들이 각지의 유대인들을 죽이는 데 동원될 것입니다(에 3:8~13).

> ¹모르드개가 이 모든 일을 알고 자기의 옷을 찢고 굵은 베옷을 입고 재를 뒤집어쓰고 성중에 나가서 대성통곡하며 ²대궐 문 앞까지 이르렀으니 굵은 베옷을 입은 자는 대궐 문에 들어가지 못함이라 ³왕의 명령과 조서가 각 지방에 이르매 유다인이 크게 애통하여 금식하며 울며 부르짖고 굵은 베옷을 입고 재에 누운 자가 무수하더라 ⁴에스더의 시녀와 내시가 나아와 전하니 왕후가 매우 근심하여 입을 의복을 모르드개에게 보내어 그 굵은 베옷을 벗기고자 하나 모르드개가 받지 아니하는지라 ⁵에스더가 왕의 어명으로 자기에게 가까이 있는 내시 하닥을 불러 명령하여 모르드개에게 가서 이것이 무슨 일이며 무엇 때문인가 알아보라 하매 ⁶하닥이 대궐 문 앞 성 중 광장에 있는 모르드개에게 이르니 ⁷모르드개가 자기가 당한 모든 일과 하만이 유다인을 멸하려고 왕의 금고에 바치기로 한 은의 정확한 액수를 하닥에게 말하고

모르드개와 에스더를 비롯한 유대인들은 파멸에 직면했습니다. 빠져나갈 수도 없고, 상황이 달라질 기미도 보이지 않았습니다. 그들은 자신과 유대인들을 위해 비통해하며 고뇌했습니다. 그러나 하나님은 그들을 위한 계획을 가지고 계셨고, 그들 모두 그 계획을 위해 해야 할 역할이 있었습니다.

'기도'나 '하나님'이란 말이 구체적으로 언급되지는 않았지만, 유대인들

은 주님을 바라봤습니다. 하나님을 찾고 신뢰하기 어려운 상황이었음에도 모르드개와 신실한 백성들은 하나님을 바라보고 그분께 도움을 구했습니다.

Q 주님이 안 계신 것처럼 보이는 상황에서도 하나님의 백성이 하나님을 찾고 있음을 보여주는 징후는 무엇입니까?

_____

_____

Q 버려진 것처럼 느껴질 때조차 하나님을 찾는 노력은 무엇을 의미합니까?

_____

_____

아마도 끔찍한 상황에 압도되거나 비탄에 빠져 본 적이 있을 것입니다. 하나님의 일하심을 볼 수 없을 때, 하나님이 우리에게 관심이 있기는 하신 건지 의심이 들 수 있습니다. 그러나 하나님은 바로 거기에 계십니다. 의심에 사로잡혀 있기보다는 하나님의

> *"하나님의 손길을 더듬어 찾지 못하는 곳에서도 우리는 하나님의 마음을 신뢰할 수 있습니다."*[2]
>
> _아드리안 로저스

임재를 더욱 신뢰하는 편이 현명합니다. 하나님이 숨어 버리신 것 같을 때조차 우리는 우리가 가진 작은 믿음이라도 붙잡아야 하며, 위대하신 하나님이 거기에 계심을 믿고 부르짖어야 합니다.

에스더의 삶은 여러 면에서 우리 삶과 닮았습니다. 우리 삶에서는 아브라함이나 모세가 하나님을 만난 기적 같은 일은 짐작하기도 어렵습니다. 엘리야처럼 하늘에서 떨어지는 불을 본 적도 없습니다. 다윗처럼 전투에서 거인을 죽여 본 적도 없습니다. 하지만 우리 가운데 많은 사람이 에스더처럼 소외된 듯한 기분을 느껴 본 적이 있습니다. 일부는 학대받고 천대받은 적이 있습니다. 대부분은 하나님이 우리를 위해 정말 오실 것인지 의심하곤 합니다.

우리는 엉망진창인 세상에서 살고 있고, 많은 사람이 골치 아픈 삶을 살아가고 있습니다. 에스더는 혼란스럽고 힘들고 저항하기 힘든 상황 가운데서도

자신이 혼자가 아니라는 사실을 믿는 것이 어떤 것인지를 보여 줍니다. 하나님은 능력과 계획을 갖고 계시며, 우리는 해야 할 역할이 있습니다.

 에스더의 삶은 어떤 면에서 오늘날 그리스도인의 삶과 닮았습니까?

2. 하나님의 주권적 계획에 나의 역할도 있음을 아십시오

(에 4:8~14)

8또 유다인을 진멸하라고 수산 궁에서 내린 조서 초본을 하닥에게 주어 에스더에게 보여 알게 하고 또 그에게 부탁하여 왕에게 나아가서 그 앞에서 자기 민족을 위하여 간절히 구하라 하니 9하닥이 돌아와 모르드개의 말을 에스더에게 알리매 10에스더가 하닥에게 이르되 너는 모르드개에게 전하기를 11왕의 신하들과 왕의 각 지방 백성이 다 알거니와 남녀를 막론하고 부름을 받지 아니하고 안뜰에 들어가서 왕에게 나가면 오직 죽이는 법이요 왕이 그자에게 금 규를 내밀어야 살 것이라 이제 내가 부름을 입어 왕에게 나가지 못한 지가 이미 삼십 일이라 하라 하니라 12그가 에스더의 말을 모르드개에게 전하매 13모르드개가 그를 시켜 에스더에게 회답하되 너는 왕궁에 있으니 모든 유다인 중에 홀로 목숨을 건지리라 생각하지 말라 14이때에 네가 만일 잠잠하여 말이 없으면 유다인은 다른 데로 말미암아 놓임과 구원을 얻으려니와 너와 네 아버지 집은 멸망하리라 네가 왕후의 자리를 얻은 것이 이때를 위함이 아닌지 누가 알겠느냐 하니

에스더 이야기가 그리는 포물선은 에스더와 모르드개가 정치적 권력에 접근할 수 있는 지위를 우연히 얻은 것이 아님을 보여 줍니다. 하나님이 뜻 가운데 그들을 거기 두셨던 것입니다. 그러나 하나님이 에스더를 선택해 바사 제국의 왕비로 세우시긴 했지만, 에스더 자신이 하나님의 계획에서 자기 역할을

감당하기 위해 믿음과 용기를 내는 결단을 해야만 했습니다.

지금이 바로 그녀 인생의 '결정적 순간'이며, 그 선택은 그녀가 상상할 수도 없는 엄청난 결과를 가져올 것입니다. 에스더의 목숨만이 아니라 각 지방에 있는 유대인의 운명이 위태로운 상황이었습니다. 더 심각한 문제는 약속된 메시아의 탄생 여부가 불확실해졌다는 것입니다. 14절에서 모르드개가 상황의 중요성을 도발적인 말로 분명하게 지적했습니다. "네가 왕후의 자리를 얻은 것이 이때를 위함이 아닌지 누가 알겠느냐?"

 역사 속에서 자기 상황이나 지위로 세상을 변화시켰던 인물들을 찾아봅시다.

 하나님의 뜻을 이루기 위해 바로 '이때' 그 자리에 있음을 느껴 본 적이 있습니까?

자신을 하찮게 느껴 본 적이 있습니까? 하나님이 과연 나를 써 주실지 의심해 본 적이 있습니까? 에스더가 그랬을 것입니다. 그러나 하나님은 그녀의 삶에 일어난 사건들을 세심히 조율하셨습니다. 슬프고 비극적이고 끔찍하기까지 한 순간들조차 사용하셨습니다. 그리하여 에스더는 하나님의 뜻을 이루기 위해 변화를 가져올 자리에 서게 되었습니다.

성경은 하나님이 우리 삶의 모든 영역에서 그와 똑같이 일하고 계신다고 말합니다. 하나님은 우리 삶에 일어나는 사건들, 심지어 힘들고 아픈 부분들까지도 엮어서 우리를 준

> **핵심교리 99**
>
> **28. 하나님의 섭리**
>
> '하나님의 섭리'란 하나님이 피조 세계에서 계속해서 역사하시고 개입하시는 것을 가리킵니다. 하나님은 창조 질서의 보존, 주권적 통치, 자기 백성을 돌보심 등 다방면에서 섭리하십니다(골 1:17; 히 1:3; 창 8:21~22). 그리스도인은 세상과 우주의 운행이 하나님의 뜻에 달려 있으며, 하나님 없이는 존재할 수 없다고 믿습니다. 또한 하나님이 피조 세계에 간섭하지 않으신다는 세상 이론과 달리, 하나님이 세상에 친히 개입하신다고 믿습니다. 자연 질서뿐 아니라, 개개인과 역사의 사건들에도 영향을 미치신다고 믿는 것입니다.

이 때를 위함이 아닌가

비시키시고, 하나님 나라를 위해 쓰임받는 자리에 두십니다. 그러나 정말로 중요한 선택은 스스로 해야 합니다. 인생의 결정적인 순간을 순종하는 마음으로 신실하게 붙잡고자 결단한다면, 상상을 초월하는 파급 효과와 결과를 얻게 될 것입니다.

Q 당신의 과거 상황과 현재 위치는 하나님께 영광을 돌리는 데 어떤 역할을 합니까?

_____

_____

Q 하나님은 당신이 주님을 더 잘 섬기게 하기 위해 당신의 과거 가운데 어떤 면을 사용하셨나요?

_____

_____

3. 쓰임받기에 필요한 위기라면 감수하십시오(에 4:15~17)

¹⁵에스더가 모르드개에게 회답하여 이르되 ¹⁶당신은 가서 수산에 있는 유다인을 다 모으고 나를 위하여 금식하되 밤낮 삼 일을 먹지도 말고 마시지도 마소서 나도 나의 시녀와 더불어 이렇게 금식한 후에 규례를 어기고 왕에게 나아가리니 죽으면 죽으리이다 하니라 ¹⁷모르드개가 가서 에스더가 명령한 대로 다 행하니라

에스더는 자기 백성을 위해 모든 위험을 감수했습니다. 우리는 하나님의 백성은 늘 승리한다고 생각합니다. 그러나 하나님께 모든 것을 걸었다면, 즉 어떤 대가를 치르더라도 하나님을 믿고 따르기로 결단했다면, 모든 것을 잃을 수도 있다는 것 또한 받아들여야 합니다.

에스더처럼 많은 사람이 힘든 일을 겪었습니다. 어떤 이들은 비극적인 사건에 휘말리기도 했습니다. 또 어떤 이들은 어리석은 선택의 결과를 평생 짊어지고 살아야 합니다. 그러나 하나님은 우리가 가진 모든 것을 받으시고, 모든 것에서 구원해 주시는 분입니다. 우리의 성격, 경험, 은사와 재능, 믿음, 소망, 슬픔까지 모두 말입니다. 예수님은 십자가에서 죽으시고, 죽은 자 가운데서 살아나셨습니다. 하나님은 우리처럼 깨어진 사람들을 택하셔서 주님을 위해 쓸모 있는 자로 만드십니다. 우리의

> "우리는 모두 하나님이 무슨 목적으로 우리를 그 자리에 두시는가를 진지하게 생각해 봐야 합니다. 그리고 하나님과 우리 세대를 섬길 기회가 주어지면, 그것이 수포로 돌아가지 않도록 주의해야 합니다."[3]
> _존 웨슬리

배경이나 현재 처한 상황이 하나님의 주권적인 권세 밖에 있지 않음을 알 수 있습니다. 우리가 주님을 볼 수 없을 때조차 주님은 우리 가운데 역사하고 계십니다(롬 8:28).

하나님이 모든 약속을 반드시 지키시리라는 믿음이 있다면, 우리에게는 세상과 사람들을 위한 하나님의 구원 계획에 참여할 책임이 있습니다. 순종이 중요합니다. 하나님은 우리 도움 없이도 자기 목적을 이루실 수 있지만, 그렇게 하지 않으십니다. 우리를 통해 그 계획을 성취하기로 선택하신 것입니다(엡 2:10).

하나님과 복음에 신실하면, 엄청난 위험을 감수해야 할 수도 있습니다. 하지만 그만한 가치가 있습니다. 걱정할 필요도 없고, 두려워할 필요도 없습니다. 하나님이 이 세상을 다스리고 계시기 때문입니다. 우리에게는 해야 할 역할이 있고, 결국 우리가 승리할 것입니다.

Q 그리스도를 따르기 위해 위험을 감수했던 사람들의 이야기를 찾아봅시다.

_____

_____

Q 하나님이 명령하신 일로 인해 평안했던 삶이 위태로워졌던 적이 있습니까?

_____

_____

이 패를 위험이 아닌가

결론

다음 세션에서는 에스더와 모르드개에게 일어난 일을 살펴볼 것입니다. 비록 에스더서에는 하나님이 분명하게 언급되지 않았지만, 하나님은 그들의 특별한 인생을 통해 이야기를 하나로 엮어 가는 훌륭한 작가이십니다. 에스더 이야기를 쓰신 작가는 "훗날 때가 차매" "이때"를 위해 세상을 구원하기 위해서 목숨을 바칠 자기 아들을 보내신 바로 그분입니다.

자기 아들을 보내신 그 작가가 지금 성령님으로 우리 속에 살고 계십니다. 주님은 우리의 과거와 현재를 모두 엮어서 주님의 원대한 계획의 일부가 되게 하십니다. 각 족속과 방언과 나라에서 나온 백성들이 그리스도 안에서 함께 주님의 보좌로 나아오게 하는 계획 말입니다.

그리스도와의 연결

유대인을 모두 죽이라는 명령은 아브라함의 복을 세상에 전할 왕이신 메시아가 오시리라는 하나님의 약속 성취에 위협이 되었습니다. 에스더 이야기에서 하나님의 간섭하심이 보이지 않는 것 같아도, 하나님은 자기 백성을 구하고, 자기 아들이 올 수 있는 기초를 마련하는 계획을 수립하고 실행하면서 역사하고 계셨습니다.

하나님의
계획
우리의 사명

하나님은 땅끝까지 구원을 이루실 주님의 위대한 계획 속에서 우리의 목적을 발견하고 성취하라고 말씀하십니다.

1. 하나님의 섭리의 손길이 보이지 않을 때, 교회/공동체는 주님을 찾도록 서로 어떻게 격려할 수 있을까요?

    _____

    _____

    _____

2. "이때를 위함이 아닌가" 하는 마음가짐은 주변 사람들에게 복음을 전하는 데 어떤 영향을 미칠까요?

    _____

    _____

    _____

3. 예수 그리스도의 복음을 전하기 위해 교회/공동체는 어떤 식으로 위험을 감수하고 희생할 수 있을까요?

    _____

    _____

    _____

이때를 위함이 아닌가

*
금주의 성경 읽기
왕상 12~14장;
대하 10~12장

에스더를 통해 펼쳐지는 위대한 반전

신학적 주제) 하나님은 자기 백성을 구원하기 위해 대적과의 형세를 역전시키십니다.

Session

8

우리가 인생에서 겪는 다양한 사건과 상황은 하나님의 섭리를 더욱 신뢰하게 하는 기회를 제공합니다. 또한 하나님의 섭리를 보여 주는 성경 이야기는 우리가 보지 못하는 이면에서 하나님이 자기 뜻을 이루기 위해 역사하고 계신다는 사실을 일깨워 줍니다. 앞서 살펴봤던 에스더서 내용이 바로 그것입니다.

Q 자기 삶을 돌아보고, 하나님이 실수하신 것은 아닐까 하고 느껴 본 적이 있습니까? 만약 있다면, 그 심정을 어떻게 해결했습니까?

_____

_____

Q 하나님의 지혜를 더욱 신뢰하게 만든 사건이 있다면, 언제 어떤 일이었습니까?

_____

_____

Date . .

이 세션에서는 에스더 이야기를 계속 이어 가면서 자기 백성을 위한 하나님의 선하신 목적이 어떻게 극적인 반전을 이끌었는지를 볼 것입니다. 겸손한 자는 높아졌고, 정죄받던 자는 구원을 얻었고, 패배할 것 같던 자는 승리를 거두었습니다. 우리는 에스더 이야기를 통해 하나님은 사람들이 깨닫지 못하는 중에도 자기 목적을 이루기 위해 일하고 계신다는 사실을 알 수 있습니다. 하나님은 우리에게 세상의 겉모습과 영향력을 보지 말고 그 너머를 바라보며, 최후 승리를 위해 하나님을 예배하고 신뢰하라고 말씀하십니다.

1. 첫 번째 반전, 겸손한 자를 높이십니다(에 6:6~11)

에스더서에는 '하나님'이 언급되지 않습니다. 그래서 이야기 속 사건들은 그저 놀라운 우연의 일치인 듯 보입니다. 그러나 6장으로 들어가면, 하나님의 손길이 주님의 뜻을 이루기 위해 자기 백성을 대신해 분명히 움직이고 있음을 발견하게 됩니다.

독자는 이야기 속에 긴장감 넘치는 상황이 발생해도, 제3자로서 태연하게 대할 수 있습니다. 그러나 자기 삶 속에 긴장감 넘치는 상황이 발생할 때는 제3자로서 태연하게 보고만 있을 수가 없습니다. 상황의 무게에 짓눌려 버텨 내기 어려울 때도 있습니다. 빠져나갈 길이 보이지 않는 힘든 상황에 놓여 본 적이 있습니까? 어떻게 해야 할지 알 수 없는 위험천만한 상황에 처한 적이 있습니까?

Q 상황 가운데 임하시는 하나님의 섭리의 손길을 찾지 못하거나, 하나님을 소홀히 여기면서 스스로 해결하려고 드는 이유는 무엇일까요?

이야기로 돌아가서, 모르드개에게 굴욕감을 주고자 했던 하만이 그를 존귀하게 높일 수밖에 없게 된 상황을 살펴봅시다.

6하만이 들어오거늘 왕이 묻되 왕이 존귀하게 하기를 원하는 사람에게 어떻게 하여야 하겠느냐 하만이 심중에 이르되 왕이 존귀하게 하기를 원하시는 자는 나 외에 누구리요 하고 7왕께 아뢰되 왕께서 사람을 존귀하게 하시려면 8왕께서 입으시는 왕복과 왕께서 타시는 말과 머리에 쓰시는 왕관을 가져다가 9그 왕복과 말을 왕의 신하 중 가장 존귀한 자의 손에 맡겨서 왕이 존귀하게 하시기를 원하시는 사람에게 옷을 입히고 말을 태워서 성 중 거리로 다니며 그 앞에서 반포하여 이르기를 왕이 존귀하게 하기를 원하시는 사람에게는 이같이 할 것이라 하게 하소서 하니라 10이에 왕이 하만에게 이르되 너는 네 말대로 속히 왕복과 말을 가져다가 대궐 문에 앉은 유다 사람 모르드개에게 행하되 무릇 네가 말한 것에서 조금도 빠짐이 없이 하라 11하만이 왕복과 말을 가져다가 모르드개에게 옷을 입히고 말을 태워 성 중 거리로 다니며 그 앞에서 반포하되 왕이 존귀하게 하시기를 원하시는 사람에게는 이같이 할 것이라 하니라

아하수에로왕은 자기를 암살하려던 음모(참조, 에 2:19~22)를 막아 주었던 모르드개에게 감사를 표하지 않았음을 깨닫고, 그에게 상을 내리기로 결정했습니다. 때마침 살기등등한 하만이 왕궁 뜰에 이르렀습니다. 모르드개를 나무에 매달기 위해 왕의 허락을 구하러 온 것이었습니다. 하지만 하나님은 그의 계획을 무산시키시고, 그의 손에서 유대인들을 구원하실 것입니다.

하만은 왕이 자기를 존귀하게 해 주고 싶어 한다고 제멋대로 생각했습니다. "왕이 존귀하게 하기를 원하시는 자는 나 외에 누구리요?"(6:6하). 하만은 재빨리 대답하기를, 왕이 존귀하게 하기를 원하는 사람에게 왕복을 입히고, 왕의 말에 태워서 성 중 거리를 다니게 하라고 했습니다. 자신의 대적 모르드개가 바로 그 사람임을 알았을 때, 그의 기분이 어땠을까요?

한순간에 그것도 하룻밤 사이에 모든 것이 역전되었습니다. 하만의 사악한 계획은 꼬이기 시작했고, 죽음 앞에 서 있던 하나님의 백성에게는 구원의 빛이 비추기 시작했습니다.

당신은 불가능한 상황 속에서 역사하시는 하나님의 상상할 수 없는 능력을 돌아보며 얼마나 자주 놀라곤 합니까? 힘든 상황 중에도 멈추어 서서 오늘도 여전히 섭리로 우리를 돌보시는 하나님을 얼마나 자주 기억합니까?

> "물이 가장 낮은 곳을 찾아 채우듯이, 하나님이 멸시받고 가진 것 없는 사람을 찾으시는 순간이 오면, 하나님의 영광과 능력이 그에게 흘러가 그를 높이고 복되게 할 것입니다."[1]
>
> _앤드류 머레이

Q 자기를 높이는 자를 낮추시는 하나님과 관련된 주제가 성경의 다른 이야기에서는 어떻게 나타납니까?

_____

_____

Q 성경에서 이러한 주제가 자주 등장하는 이유는 무엇일까요?

_____

_____

2. 두 번째 반전, 심판하시고 구원하십니다 (에 7:3~10)

³왕후 에스더가 대답하여 이르되 왕이여 내가 만일 왕의 목전에서 은혜를 입었으며 왕이 좋게 여기시면 내 소청대로 내 생명을 내게 주시고 내 요구대로 내 민족을 내게 주소서 ⁴나와 내 민족이 팔려서 죽임과 도륙함과 진멸함을 당하게 되었나이다 만일 우리가 노비로 팔렸더라면 내가 잠잠하였으리이다 그래도 대적이 왕의 손해를 보충하지 못하였으리이다 하니 ⁵아하수에로왕이 왕후 에스더에게 말하여 이르되 감히 이런 일을 심중에 품은 자가 누구며 그가 어디 있느냐 하니 ⁶에스더가 이르되 대적과 원수는 이 악한 하만이니이다 하니 하만이 왕과 왕후 앞에서 두려워하거늘 ⁷왕이 노하여 일어나서 잔치 자리를 떠나 왕궁 후원으로 들어가

니라 하만이 일어서서 왕후 에스더에게 생명을 구하니 이는 왕이 자기에게 벌을 내리기로 결심한 줄 앎이더라 ⁸왕이 후원으로부터 잔치 자리에 돌아오니 하만이 에스더가 앉은 걸상 위에 엎드렸거늘 왕이 이르되 저가 궁중 내 앞에서 왕후를 강간까지 하고자 하는가 하니 이 말이 왕의 입에서 나오매 무리가 하만의 얼굴을 싸더라 ⁹왕을 모신 내시 중에 하르보나가 왕에게 아뢰되 왕을 위하여 충성된 말로 고발한 모르드개를 달고자 하여 하만이 높이가 오십 규빗 되는 나무를 준비하였는데 이제 그 나무가 하만의 집에 섰나이다 왕이 이르되 하만을 그 나무에 달라 하매 ¹⁰모르드개를 매달려고 한 나무에 하만을 다니 왕의 노가 그치니라

에스더는 유대 백성을 구하기 위해 위험을 감수했습니다(에 7:4). 그녀는 행동할지 말지, 앞에 나설지 아니면 침묵할지를 결정해야 했습니다. 에스더는 행동하기로 결심하고, 아하수에로왕에게 자신이 유대인 출신임을 밝히며 이스라엘 민족을 위해 정중하게 호소했습니다. 그리고 당사자의 이름은 밝히지 않은 채, 그녀의 백성을 진멸하려는 간악한 음모(에 3:8~9)가 있음을 폭로했습니다.

에스더의 이야기를 들은 왕은 깜짝 놀라며 누가 그런 대담한 짓을 벌였는지 알고자 합니다. 에스더는 그제야 유대인의 공공연한 적이 바로 하만임을 밝혔습니다. 왕에게 에스더가 자신이 유대인이라는 사실을 밝힌 상태였기 때문에 결과적으로 하만은 왕비의 목숨을 위협한 반역자가 되고 말았습니다.

Q "악인은 자기의 악에 걸리며 그 죄의 줄에 매이나니"라는 잠언 5장 22절의 말씀은 성결하게 살아가는 데 어떤 도움을 줍니까?

_____

_____

Q 이 진리는 하나님을 믿는 우리 신앙이 성장하는 데 어떤 도움을 줍니까?

_____

하만의 아내가 예견한 대로, 그는 하나님의 백성을 이기지 못하고 결국 몰락할 것입니다(에 6:13). 이것은 하나님의 공의를 시적으로 드러낸 사건입니다! 하만이 모르드개를 달기 위해 세웠던 교수대에 그 자신이 달리게 하심으로써, 하나님은 악인이 자기 덫에 빠지게 하셨습니다(9~10절). 하나님의 주권적인 섭리가 하만의 사악한 계획을 무산시킨 것입니다.

이 이야기를 읽을 때, 우리는 하만 같은 악인조차 예수 그리스도 안에서 용서받을 수 있다는 사실에 감사할 줄 알아야 합니다. 사도 바울의 유명한 말처럼, "죄의 삯은 사망"(롬 6:23상)이기 때문입니다. 우리가 저지르는 모든 죄는 죽음의 교수대에 또 하나의 기둥을 세우고, 또 하나의 못을 박고 또 하나의 밧줄을 조이는 셈입니다. 하지만 하나님의 선물은 영생입니다(롬 6:23하). 복음의 기쁜 소식은 십자가에 달리신 예수 그리스도 덕분에 더 이상 우리가 자기 죄의 교수대에 매달릴 필요가 없어졌다는 것입니다.

Q 하나님이 위대한 일을 행하시는 데 낮고 천한 사람을 사용하시는 이유는 무엇일까요?

Q 예수 그리스도께서 우리 죄를 짊어지고 십자가에서 수치를 당하셨다는 진리가 우리에게 어떻게 위안이 됩니까?

> **핵심교리 99**
>
> ### 53. 그리스도의 낮아지심
>
> 성자 하나님은 하나님과 동등하며 하나님이 받으시는 모든 영광을 받기에 합당한 분임에도 불구하고, 자신을 낮춰 인간의 몸을 취하기로 결정하셨습니다. 그분은 자신의 영광을 떠나 죄 있는 육신의 모양으로 오셨으며(롬 8:3), 우리를 위해 죄가 되심으로써 십자가에서 수치스러운 죽음을 경험하셨습니다(빌 2:6~8). 그리하여 우리로 하여금 그분 안에서 하나님의 의가 되게 하셨습니다(고후 5:21).

복음은 이 이야기 전체에 전반적으로 암시되어 있습니다. 에스더는 이스라엘 백성을 구원하기 위해 높은 지위에 오르게 되었고, 그 지위에서 왕에게 자기 백성을 위한 변호를 할 수 있었습니다. 왠지 익숙한 이야기 같지 않습니까? 예수 그리스도께서는 자기를 낮추시어 죽음에서 우리를 구하시고 우리에게 영원한 구원을 주셨습니다. 그리고 하나님의 보좌 앞에서 우리를 변호하기 위해 부활하시어 존귀하게 되셨습니다(고후 8:9; 요일 2:1). 에스더와는 비교도 할 수 없이 위대하신 예수님은 죽을 각오를 하셨을 뿐만 아니라, 우리를 구원하기 위해 자기 생명을 내어 주셨습니다. 이것이 바로 복음의 기쁜 소식입니다.

3. 세 번째 반전, 승리하게 하시고 패배하게 하십니다(에 9:1~2)

[1]아달월 곧 열두째 달 십삼일은 왕의 어명을 시행하게 된 날이라 유다인의 대적들이 그들을 제거하기를 바랐더니 유다인이 도리어 자기들을 미워하는 자들을 제거하게 된 그날에 [2]유다인들이 아하수에로왕의 각 지방, 각 읍에 모여 자기들을 해하고자 한 자를 죽이려 하니 모든 민족이 그들을 두려워하여 능히 막을 자가 없고

성경 속 하나님은 종종 상황이나 권력의 변화를 통해 자기 백성의 대적들을 공포에 떨게 하십니다. 그 모든 상황의 이면에 하나님의 손길이 적극적으로 자기 백성을 보호하고 그들을 위해 싸우며 역사하고 있음을 아는 것이 중요합니다. 아하수에로왕이 다스리는 땅에서 거둔 유대인들의 승리는 궁극적으로 하나님의 승리입니다. 하나님의 손길은 인간 왕국의 힘보다 훨씬 더 강력합니다. 에스더 이야기에서 하나님은 참으로 만왕의 왕이심을 보여 주셨습니다.

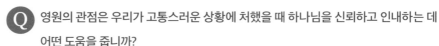 영원의 관점은 우리가 고통스러운 상황에 처했을 때 하나님을 신뢰하고 인내하는 데 어떤 도움을 줍니까?

에스더서 이야기에 등장하는 유대인들처럼, 하나님의 백성에게는 파멸의 날이 곧 구원과 승리의 날이 됩니다. 이것이 바로 복음의 위대한 반전입니다. 우리는 실패하고 죽는 것이 마땅하지만, 그리스도 안에 있으면 생명과 승리를 보장받습니다.

> *"하나님이 부재하신 듯 보이는 세상이라도 하나님은 현존하십니다."* [2]
>
> *J. 고든 맥콘빌*

우리는 성경과 삶을 통해 가장 가혹한 상황일 때, 가장 필사적일 때, 하나님의 역사가 가장 분명하게 드러난다는 것을 알 수 있습니다. 우리는 그리스도인으로서 영원의 관점에서 삶을 바라봐야 합니다. 하나님은 우리에게 세상의 겉모습과 영향력 너머를 보고, 최후 승리를 위해 하나님을 예배하며 신뢰하라고 말씀하십니다. 하나님은 우리를 하만보다 더 무시무시한 공포인 죄와 죽음에서 구원하셨는데, 인생이 불확실하고 고되다고 해서 주님을 신뢰하지 못한다는 것이 말이 됩니까? 하나님은 에스더보다 훨씬 더 위대하신 예수 그리스도로 하여금 우리를 변호하게 하셨는데, 눈에 보이지 않는다고 해서 하나님이 선을 위해 모든 일을 하고 계신다는 사실을 신뢰하지 않는다는 것이 말이 됩니까?

 미래 승리에 대한 약속은 오늘의 실패를 대하는 데 어떤 도움을 줍니까?

_____

_____

결론

대개 하나님의 섭리의 손길은 우리 눈에 보이지 않습니다. 그러나 잠시 시간을 내어 자기 삶을 돌아본다면, 삶의 여정마다 찍힌 하나님의 지문을 볼 수 있을 것입니다. 에스더서에서 본 것처럼, 하나님의 손길은 엄청난 반전을 경험할 때 가장 분명하게 나타납니다. 낮은 자가 존귀해지고, 심판받아 마땅한 자가 구원을 받고, 실패가 분명한 상황에서 승리할 경우 하나님의 손길을 눈치챌 수밖에 없습니다.

내 삶을 섭리하시는 하나님은 역사 속에서 섭리해 오신 바로 그 하나님이십니다. 창세기 3장에서 여자의 후손이 뱀의 머리를 상하게 하리라고 약속하셨던 하나님은 하나님의 백성을 진멸하려던 하만의 음모를 깨부수셨던 바로 그 하나님이십니다. 에스더보다 더 위대하신 분이 오시어 구세주요, 대언자로서 하나님의 백성을 정해진 죽음에서 구원하실 것입니다. 구속사를 통틀어, 하나님은 대적의 형세를 역전시켜 자기 백성을 구원하고 계십니다.

그리스도와의 연결

창세기 3장 15절에서 하나님은 여자의 후손을 물려던 뱀이 거꾸로 상하게 되리라고 약속하십니다. 에스더서에서 우리는 하나님의 백성을 치려던 하만의 계획이 역효과를 내어 거꾸로 하만 자신이 파멸되는 결말을 보았습니다. 마찬가지로 예수님의 십자가와 부활을 통해 우리는 그리스도에게 행해졌던 악이 거꾸로 파멸되는 것을 보게 됩니다.

하나님의 계획 우리의 사명	하나님은 우리가 세상의 겉모습과 영향력 너머를 보고, 최후 승리 를 위해 하나님을 예배하며 신뢰하기를 원하십니다.

1. 하나님은 겸손한 자에게 은혜를 베푸시고, 그를 높이실 것입니다(약 4:6, 10). 이 진리
    는 예수님을 위한 사명을 감당하고자 하는 마음과 행동에 어떤 영향을 미칠까요?

    _____

    _____

    _____

2. 심판에서 놓여 예수님 안에서 구원을 누리는 삶을 살아가도록 서로 도울 수 있는 방법
    에는 어떤 것들이 있을까요?

    _____

    _____

    _____

3. 힘든 시간을 보낼 때, 어떻게 하면 하나님을 의지하면서 성장할 수 있을까요?

    _____

    _____

    _____

에스더를 통해 펼쳐지는 위대한 반전

*

금주의 성경 읽기
**왕상 15:1~16:34;
대하 13~17장**

느헤미야가 기도하다

 신학적 주제 기도의 원동력은 하나님의 영광에 관한 관심과 하나님의 백성을 향한 사랑입니다.

 Session 9

인생이 순조롭게 흘러가고, 모든 것이 안전하고 안정적으로 보일 때면, 기도에 소홀해진다는 사실을 눈치챘습니까? 인간은 대부분 스스로의 힘으로 살아갑니다. 혼자 다 알아서 하는 것입니다. 아마도 이것이 우리가 많이 기도하지 않는 이유일 것입니다.

Q 인생의 절박한 순간에야 하나님께 달려가는 이유는 무엇일까요?

_____

Q 기도하기 가장 쉬운 때와 기도하기 가장 힘든 때는 언제일까요?

_____

이 세션에서는 백성들을 위해 하나님께 부르짖어 기도하며, 약속의 땅으로 그들을 회복시켜 주실 것을 하나님께 청했던 느헤미야를 만날 것입니다. 느

Date . .

헤미야 이야기를 읽으면서, 우리가 따르는 하나님은 우리를 용서하고 구원하시는 분이며, 우리가 주님의 목적을 이루는 데 필요한 모든 것을 공급해 주시는 분임을 깨닫게

> "하나님을 계속 의지하는 길은 기도를 계속하는 것입니다."[1]
> _제리 브리지스

될 것입니다. 그리스도인으로서 우리는 하나님이 이 땅에 하나님 나라가 임하게 하시며, 세상을 회복하실 것을 믿습니다. 또한 하나님의 약속을 신뢰하며 기도하고 행동합니다.

1. 느헤미야는 자기 백성에 대한 부담감으로 기도합니다(느 1:1~4)

> [1]하가랴의 아들 느헤미야의 말이라 아닥사스다왕 제이십년 기슬르월에 내가 수산 궁에 있는데 [2]내 형제들 가운데 하나인 하나니가 두어 사람과 함께 유다에서 내게 이르렀기로 내가 그 사로잡힘을 면하고 남아 있는 유다와 예루살렘 사람들의 형편을 물은즉 [3]그들이 내게 이르되 사로잡힘을 면하고 남아 있는 자들이 그 지방 거기에서 큰 환난을 당하고 능욕을 받으며 예루살렘성은 허물어지고 성문들은 불탔다 하는지라 [4]내가 이 말을 듣고 앉아서 울고 수일 동안 슬퍼하며 하늘의 하나님 앞에 금식하며 기도하여

예루살렘의 사정을 듣고 느헤미야가 보여 준 필사적이면서도 믿음직스러운 자세는 기도의 전형을 보여 줍니다(4절). 유대 백성들이 곤경에 처해 있음을 알게 된 느헤미야는 슬피 울면서 "하늘의 하나님"께 금식하며 기도했습니다(참조, 스 1:2; 5:12). 에스라가 하나님의 백성들에게 깊이 박혀 있는 죄의 습성을 발견했을 때 보였던 반응과 비슷합니다. 죄와 같은 내면의 문제든, 적으로부터의 보호가 필요한 외적 문제든, 두 사람은 오직 하나님만이 도우실 수 있음을

알았습니다. 그들은 백성들을 위해 자신이 느낀 부담감을 하나님 앞에 가져와 기도했습니다.

 부담감을 느끼는 것과 절박하게 기도하는 것 사이에는 어떤 관계가 있습니까?

> "우리의 영광이나 이익을 위해서가 아니라, 하나님이 보내신 그분의 사랑하는 아들을 위해 하나님이 자기 역사를 계속해 가시기를 기도합시다."[2]
> _D. L. 무디

백성을 위한 느헤미야의 중재 기도는 성부 하나님 앞에서 우리를 위해 중보하시는 예수님의 모습을 예시합니다(히 7:25). 하나님 백성의 고통을 듣고 울며 그들을 위해 기도하는 모습은 십자가 아래서 예루살렘을 보고 울며 기도하신 예수님의 모습을 보여 줍니다(눅 19:41~44). 느헤미야보다 더 위대하신 중보자 예수님은 자기 백성을 위해 우셨을 뿐만 아니라 그들을 위해 자기 생명을 내어 주셨습니다. 예수님은 그들에 대한 부담감을 느끼시고 골고다 언덕으로 그것을 가지고 가셨습니다. 그곳에서 예수님은 그 누구도 이길 수 없는 죄와 사망이라는 적으로부터 그들을 지키는 보호자가 되셨습니다(롬 5:20~21; 고전 15:55~57).

 우리 죄의 짐을 안고 십자가로 나아가셨던 예수님을 이해하는 것은 우리가 인생에서 만나는 온갖 짐들을 안고 예수님께 가져가 부르짖는 데 어떻게 동기를 부여하나요?

2. 느헤미야는 용서하시고 구원하시는 하나님께 기도합니다
(느 1:5~11)

[5]이르되 하늘의 하나님 여호와 크고 두려우신 하나님이여 주를 사랑하고 주의 계명을 지키는 자에게 언약을 지키시며 긍휼을 베푸시는 주여 간구하나이다 [6]이제 종이 주의 종들인 이스라엘 자손을 위하여 주야로

기도하오며 우리 이스라엘 자손이 주께 범죄한 죄들을 자복하오니 주는 귀를 기울이시며 눈을 여시사 종의 기도를 들으시옵소서 나와 내 아버지의 집이 범죄하여 ⁷주를 향하여 크게 악을 행하여 주께서 주의 종 모세에게 명령하신 계명과 율례와 규례를 지키지 아니하였나이다 ⁸옛적에 주께서 주의 종 모세에게 명령하여 이르시되 만일 너희가 범죄하면 내가 너희를 여러 나라 가운데에 흩을 것이요 ⁹만일 내게로 돌아와 내 계명을 지켜 행하면 너희 쫓긴 자가 하늘 끝에 있을지라도 내가 거기서부터 그들을 모아 내 이름을 두려고 택한 곳에 돌아오게 하리라 하신 말씀을 이제 청하건대 기억하옵소서 ¹⁰이들은 주께서 일찍이 큰 권능과 강한 손으로 구속하신 주의 종들이요 주의 백성이니이다 ¹¹주여 구하오니 귀를 기울이사 종의 기도와 주의 이름을 경외하기를 기뻐하는 종들의 기도를 들으시고 오늘 종이 형통하여 이 사람들 앞에서 은혜를 입게 하옵소서 하였나니 그때에 내가 왕의 술 관원이 되었느니라

느헤미야는 이스라엘의 하나님은 사랑에 변함이 없으시고, 약속을 신실하게 지키시는 분임을 알았습니다. 하나님이 자기 백성에게 자신을 자유롭게 계시하신다는 것은 믿기 어렵지만 사실인데, 슬프게도 많은 그리스도인이 이를 간과하고 있습니다.

모든 관계는 상대가 어떤 식으로 자신을 드러내느냐에 따라 달라집니다. 그리스도인으로서 우리가 하나님을 아는 것은 하나님이 역사 속에서 변함없는 사랑과 계명과 역사를 통해 자신을 계시해 오셨기 때문입니다. 우리는 그 계시에 근거해 반응하도록 부름받았습니다.

느헤미야는 하나님의 어떤 속성에 근거해 기도합니까?	느헤미야는 기도에서 이스라엘 백성을 어떻게 묘사합니까?

느헤미야의 기도 내용은 '하늘의 하나님'께 드리는 우리 기도에 어떤 영향을 끼칩니까?

느헤미야는 하나님의 백성이 그분께 돌아오면, 하나님이 그들을 다시 세워주시리라고 말씀하셨던 것을 상기시켜 드렸습니다. 그들은 불순종으로 포로가 되었지만, 순종으로 복을 얻을 것입니다(레 26:3~13; 신 28:1~4) 모세처럼(출 32:13; 신 9:27) 느헤미야도 하나님의 언약에 근거해 간구했습니다. 즉 하나님이 유대인들이 회개하면 그들을 약속의 땅으로 데려가 회복시키겠다고 하신 언약에 근거한 것입니다(레 26:40~42; 신 4:29~31, 30:1~6).

이 이야기에서 우리가 주목해야 하는 것은 하나님 백성의 '두 번째 출애굽'이 계속되고 있다는 것입니다. 표면적으로는 유대인들이 고레스의 조서에 따라 그들의 땅으로 돌아간 것처럼 보입니다(스 5:13). 그러나 우리는 하나님이 애굽에서 바로에게 하셨던 것처럼, 고레스를 주님의 계획을 실현할 도구로 삼아 섭리 가운데 역사하셨음을 압니다.

첫 번째 출애굽에서처럼, 궁극적으로는 하나님의 전능하신 손길이 유대인들을 구원한 것입니다(느 1:10; 신 4:34). 느헤미야는 애굽에서 있었던 첫 번째 출애굽을 돌아보고, 앞으로 있을 바벨론에서의 귀환을 담대하게 구했습니다. 그리고 그는 자기 백성을 향해 변함없는 사랑을 보여 주시는 하나님이 언약을 지키시리라는 사실을 확신하고 위안을 얻었습니다.

> "일용할 양식과 같은 현재의 필요와 하나님 나라의 도래를 기대하는 미래의 소망이 기도의 동기가 됩니다"
>
> _트레빈 왁스

 하나님이 과거에 행하신 역사와 주셨던 약속은 현재 직면한 문제를 위해 기도할 때 어떤 확신을 심어 주나요?

이제 그들은 바벨론에서 구출되어 약속의 땅으로 돌아왔습니다. 그런데 마땅히 해야만 하는 일들이 예전처럼 실행되지 않았습니다. 느헤미야는 그와 그의 백성이 모두 종이었음을 지적했습니다(10~11절). 그들은 하나님의 종이지만, 또한 아닥사스다왕의 종이기도 했습니다. 왕에게 종노릇하는 것은 그들이 여전히 '포로' 상태에 있음을 보여 줍니다. 자기 땅으로 돌아왔음에도 여전한 노예근성은 그들이 불순종으로 인한 결과에서 아직 자유롭지 못하다는 것을 보여 줍니다.

오늘날 우리에게서도 이와 같은 모습을 발견할 수 있습니다(히 11:13~16). 우리는 자신의 결점과 타락과 자주 마주합니다. 우리는 용서를 받고 죄에서 자유하게 되었지만, 우리는 여전히 죄와 싸우고 있습니다.

감사하게도 느헤미야처럼 우리도 우리를 대신해 일하시는 하나님을 볼 수 있습니다. 그리고 하나님이 우리 상황 가운데서 우리에게 승리를 주시고, 긍휼을 베푸시는 것을 알 수 있습니다. 하나님은 자기 백성을 용서하시고 구원하시는 분입니다.

Q 세상이 아직 완전하게 구속되지 않았으며, 우리가 아직 죄에서 완전히 놓이지 않았다고 생각하게 되는 때는 언제입니까?

Q 하나님의 구원 계획에서 기도는 어떤 역할을 할까요?

3. 느헤미야는 행동하면서 기도합니다(느 2:1~8)

¹아닥사스다왕 제이십년 니산월에 왕 앞에 포도주가 있기로 내가 그 포도주를 왕에게 드렸는데 이전에는 내가 왕 앞에서 수심이 없었더니 ²왕이 내게 이르시되 네가 병이 없거늘 어찌하여 얼굴에 수심이 있느냐 이는 필연 네 마음에 근심이 있음이로다 하더라 그때에 내가 크게 두려워

하여 ³왕께 대답하되 왕은 만세수를 하옵소서 내 조상들의 묘실이 있는 성읍이 이제까지 황폐하고 성문이 불탔사오니 내가 어찌 얼굴에 수심이 없사오리이까 하니 ⁴왕이 내게 이르시되 그러면 네가 무엇을 원하느냐 하시기로 내가 곧 하늘의 하나님께 묵도하고 ⁵왕에게 아뢰되 왕이 만일 좋게 여기시고 종이 왕의 목전에서 은혜를 얻었사오면 나를 유다 땅 나의 조상들의 묘실이 있는 성읍에 보내어 그 성을 건축하게 하옵소서 하였는데 ⁶그때에 왕후도 왕 곁에 앉아 있었더라 왕이 내게 이르시되 네가 몇 날에 다녀올 길이며 어느 때에 돌아오겠느냐 하고 왕이 나를 보내기를 좋게 여기시기로 내가 기한을 정하고 ⁷내가 또 왕에게 아뢰되 왕이 만일 좋게 여기시거든 강 서쪽 총독들에게 내리시는 조서를 내게 주사 그들이 나를 용납하여 유다에 들어가기까지 통과하게 하시고 ⁸또 왕의 삼림 감독 아삽에게 조서를 내리사 그가 성전에 속한 영문의 문과 성곽과 내가 들어갈 집을 위하여 들보로 쓸 재목을 내게 주게 하옵소서 하매 내 하나님의 선한 손이 나를 도우시므로 왕이 허락하고

아닥사스다왕이 느헤미야에게 무슨 문제가 있느냐고 물었을 때, 그는 왕이 자신의 요청을 불충한 것으로 받아들일까 봐 두려워했습니다. 그러나 그는 조상의 성읍이 황폐해졌다는 소식을 들어서 슬프다고 사실대로 말했습니다. 성경은 왕이 느헤미야에게 요청 사항을 물었을 때, 그가 대답하기 전에 먼저 조용히 기도드리려고 잠깐 멈추었다고 말합니다.

Q 걱정이나 불안이나 두려움에 시달릴 때, 당신은 가장 먼저 어떤 반응을 보이나요? 그럴 때 누구에게 또는 무엇에 의지하나요?

_____

_____

Q 느헤미야가 보여 준 모범이 당신에게 어떻게 도움이 되나요?

_____

_____

느헤미야는 자신을 고향으로, 즉 그의 조상이 묻힌 성읍으로 보내 성을 재건할 수 있게 해 달라고 요청했습니다. 또한 이전에 아닥사스다왕을 설득해 그 성의 재건을 중단하게 했던 총독들에게 보여 줄 조서를 내려 달라고 요청했습니다(스 4:7~16). 더 나아가 자금 조달을 위해 왕의 숲에서 재목을 얻게 해 달라고 요청하기까지 했습니다. 무리한 요청이었는데도 불구하고 놀랍게도 왕은 그의 요청을 모두 수락했습니다! 하나님이 내내 그 땅을 재건할 준비를 해 오신 것입니다.

핵심교리 99

29. 기도와 섭리

하나님이 모든 것을 통제하시고 미래를 이미 알고 계신다면, 우리는 왜 기도해야 할까요? 성경은 하나님이 세상을 위한 계획을 성취하겠다고 약속하시긴 했지만, 종종 '기도'라는 수단을 통해 자기 목적을 성취하신다고 가르칩니다. 하나님은 이야기의 결말을 알고 계시지만, 그것의 성취는 기도를 통해 이루어질 것입니다. 이런 의미에서 "기도가 변화를 일으킨다"는 말은 사실이며, 하나님이 기도로 우리 마음을 변화시켜 우리 뜻이 하나님의 뜻에 일치하도록 하신다는 것도 사실입니다.

우리는 하나님이 만물을 다스리시는 전능하신 분임을 알고 있습니다(사 46:9~10). 또한 자기 뜻대로 만물을 다스리심을 압니다(약 4:13~15). 그렇다면 느헤미야는 왕 앞에 섰을 때, 왜 두려워했을까요? 왜 기도했을까요? 왜냐하면 왕이 어떻게 반응할지 몰랐기 때문입니다. 하지만 느헤미야는 하늘의 하나님을 알고 있었고, 그분이 자기 백성과 맺은 언약을 기억하신다는 것을 알았습니다. 이와 마찬가지로 그리스도인은 하나님이 만물을 회복시켜 자기 백성의 거처가 되게 하시리라는 약속을 지키실 것을 믿습니다. 그러므로 우리는 그 목적을 위해 기도하고 행동해야 합니다.

Q 하나님 나라가 임하도록 기도하는 것(마 6:10)과 세상에서 하나님께 순종해 행동하는 것 사이에는 어떤 관계가 있을까요?

Q 기도와 행함이 서로 상반되는 것이라고 생각하나요? 아니면 같은 것인데 서로 다른 형태라고 생각하나요? 그 이유는 무엇인가요?

느헤미야가 기도하다

결론

기도는 하나님의 뜻을 성취하는 수단입니다(약 5:14~15; 참조, 엡 6:19; 골 4:3~4). 하나님은 우주를 설계하실 때, 우리가 주님의 뜻에 합당하게 구할 때 행동하고 개입하시겠다는 방침을 세우셨습니다. 우리는 기도를 통해 하나님이 정하신 목적을 달성하는 도구가 됩니다. 하나님의 최종 목적은 온 피조 세계에 자기 영광을 드러내시는 것입니다. 우리는 기도할 때, 하나님의 역사에 동참하게 됩니다. 이런 이유로 모든 기도의 원동력은 하나님의 영광에 대한 관심과 하나님의 백성을 향한 사랑입니다.

그리스도와의 연결

느헤미야는 하나님이 자기 백성을 고향으로 돌아오게 하겠다는 약속을 지키실 것을 믿었습니다. 이것이 그가 기도한 이유이며, 그렇게 행동했던 이유입니다. 그리스도인으로서 우리는 하나님이 만물을 회복시켜 자기 백성의 거처가 되게 하시리라는 약속을 지키실 것을 믿습니다. 예수님은 우리를 위해 성부 하나님께 기도하시는 분이며, 구원에 이르는 유일한 길입니다.

하나님의 계획
우리의 사명

하나님은 우리가 하나님의 영광을 구하고, 하나님의 백성을 돌보는 것에 관한 부담감을 갖기를 원하십니다. 그리고 그로 인해 기도하고 행동함으로써 하나님의 계획에 동참하기를 원하십니다.

1. 하나님이 당신의 마음에 주신 선교에 대한 부담감은 무엇입니까?

   _____

   _____

   _____

2. 어떻게 하면 교회/공동체에서 서로를 위해 기도하는 문화를 만들 수 있을까요?

   _____

   _____

   _____

3. 예수님의 이름을 위해 사랑을 베풀고, 선교할 계획을 세워 보십시오. 그리고 하나님께 그 일을 할 수 있는 힘을 구하는 기도문을 써 보세요.

   _____

   _____

   _____

느헤미야가 기도하다

*
금주의 성경 읽기
왕상 17~21장

하나님의 백성이 성벽을 재건하다

 신학적 주제
하나님은 사명 완수뿐 아니라 그것을 완수하는 방식을 통해서도 영광을 받으십니다.

Session
10

불가능해 보이는 믿음의 행동이 요구되는 상황에 처했을 때, 그리스도인은 어떻게 반응해야 할까요? 이 세션에서는 느헤미야를 통해 기도가 최우선이라는 것과 지혜롭게 행동해야 할 책임에 관해 배울 것입니다.

> "지혜는 볼 수 있는 힘이자, 선택하는 기준이며, 가장 확실한 달성 방법이자, 최선이며 최고의 목적입니다."[1]
>
> _제임스 패커

Q 어려운 선택에 직면했을 때, 현명한 결정을 하기 위해 어떻게 하나요?

_____

_____

느헤미야서는 약속의 땅에서 자기 백성을 회복시키시는 하나님의 이야기이자, 자신들이 언약 백성임을 깨달아가는 하나님 백성의 이야기입니다. 느헤미야서에서 우리는 하나님의 백성이 안팎으로 갈등에 직면하는 모습을 보

Date . .

게 됩니다. 어려운 상황에서도 그들은 믿음을 지키고 하나님의 뜻을 성취해 갑니다. 그리스도인은 느헤미야에게서 우리가 옳은 일을 옳은 방식으로 수행하고, 궁극에는 성공에 대해 하나님께 영광을 돌리도록 부름받았음을 배웁니다. 또한 하나님은 사명을 완수하는 것뿐만 아니라, 그것을 완수하는 방식을 통해서도 영광을 받으신다는 사실을 배웁니다.

1. 하나님의 백성은 갈등에 부딪힐 때, 지혜롭게 행동합니다

(느 4:7~14)

⁷산발랏과 도비야와 아라비아 사람들과 암몬 사람들과 아스돗 사람들이 예루살렘성이 중수되어 그 허물어진 틈이 메꾸어져 간다 함을 듣고 심히 분노하여 ⁸다 함께 꾀하기를 예루살렘으로 가서 치고 그곳을 요란하게 하자 하기로 ⁹우리가 우리 하나님께 기도하며 그들로 말미암아 파수꾼을 두어 주야로 방비하는데 ¹⁰유다 사람들은 이르기를 흙무더기가 아직도 많거늘 짐을 나르는 자의 힘이 다 빠졌으니 우리가 성을 건축하지 못하리라 하고 ¹¹우리의 원수들은 이르기를 그들이 알지 못하고 보지 못하는 사이에 우리가 그들 가운데 달려 들어가서 살륙하여 역사를 그치게 하리라 하고 ¹²그 원수들의 근처에 거주하는 유다 사람들도 그 각처에서 와서 열 번이나 우리에게 말하기를 너희가 우리에게로 와야 하리라 하기로 ¹³내가 성벽 뒤의 낮고 넓은 곳에 백성이 그들의 종족을 따라 칼과 창과 활을 가지고 서 있게 하고 ¹⁴내가 돌아본 후에 일어나서 귀족들과 민장들과 남은 백성에게 말하기를 너희는 그들을 두려워하지 말고 지극히 크시고 두려우신 주를 기억하고 너희 형제와 자녀와 아내와 집을 위하여 싸우라 하였느니라

산발랏과 그의 동조자들이 그처럼 강경하게 성벽 재건을 방해했던 이유는 그들의 주장에서 분명히 드러납니다. 느헤미야는 하나님 백성의 유익을 추구했지만, 산발랏과 그의 동조자들은 하나님의 백성을 희생시키면서까지 자기유익만 추구했습니다. 성벽이 재건되고 하나님의 백성이 하나님의 법 아래에서 함께 살기 시작하면, 하나님의 대적들이 주의 백성을 착취하는 것이 힘들어질 것입니다.

사실 하나님의 대적들의 모습은 우리에게도 익숙합니다. 인간의 마음은 자연스럽게 자신에게 초점을 맞추기 때문입니다. 어떤 상황에 부딪히면, 인간의 마음은 자연스럽게 '나에게 가장 좋은 것'을 찾게 되어 있습니다. 본질적으로 인간은 다른 사람을 향한 사랑이나 관심보다는 이기심으로 가득 차 있습니다. 이런 이유로 하나님이 우리에게 율법을 주신 것입니다. 훗날 예수님이 그 율법을 요약해 주셨는데, 그중 하나가 자기 자신을 사랑하는 것처럼 다른 사람을 사랑하라는 것이었습니다(마 22:39). 산발랏과 그의 동조자들을 평가하기 전에 우리는 자신의 마음부터 살펴봐야 합니다.

좋은 소식은 대적들이 성벽 재건을 중단시키려고 모의했지만(느 4:8), 하나님의 백성이 그것에 자신 있게 맞섰다는 것입니다. 유대인들은 기도로 무장하고(4~5, 9절), 순종하며, 인내했습니다(6, 9, 15~23절). 하나님의 백성은 대적의 반대에 맞서 서로를 지켜 주며 성벽 재건을 계속해 나갔습니다(6, 9절).

Q 반대에 부딪힌 느헤미야가 보인 반응에서 무엇을 배울 수 있습니까?

_____

_____

Q 반대에 부딪힐 때, 지혜롭지 못한 반응은 무엇입니까?

_____

_____

앞서 살펴봤듯이, 느헤미야는 어떤 상황에서도 기도하며 현명하게 처신했습니다(참조, 느 2:4~5). 9~12절에는 그와 같은 행동이 가져올 수 있는 위험이 잘 설명되어 있습니다. 유약한 유대인들이 감당하기에는 큰 사역이었습니다. 그들의 대적은 야심한 밤에 치명적인 공격을 펼치겠다고 공포 분위기를 조성하며 위협했습니다. 심지어 마을에서 가족과 친구들이 찾아와 이 위험천만한 일을 그만두고 집으로 돌아가자고 간청했습니다.

> *"만약 내가 넘어졌을 때 '내가 예상한 대로야'라고 말한다면, 나는 갈보리 사랑에 관해 아무 것도 모르는 것입니다."*[2]
> _에이미 카마이클

그러나 느헤미야는 성벽 재건을 위한 하나님의 보호하심과 공급하심을 확신했습니다. 그는 백성들에게 두려워하지 말고, 지극히 크고 두려우신 하나님을 기억하며 자기 가족과 집을 위해 힘껏 싸울 것을 요청했습니다(4:14). 느헤미야 4장 20절에서 볼 수 있듯이, 그의 믿음은 하나님이 과거 세대에게 그러셨던 것처럼 자기 백성을 위해 싸우실 것을 아는 지식에 근거한 것이었습니다(참조, 출 14:14; 신 1:30).

우리는 유대인들이 산발랏과 그의 동조자들(도비야, 아라비아 사람들, 암몬 사람들, 아스돗 사람들)에게 맞섰던 것처럼, 하나님의 독생자도 그런 반대에 부딪히셨다는 것을 잊어서는 안 됩니다. 성경은 예수님이 사람들로부터 멸시와 천대를 받았다고 말합니다(사 53:3; 벧전 2:23). 느헤미야와 유대인들처럼 예수님은 흔들림 없이 순종하셨습니다. 심지어 죽기까지 순종하셨습니다(빌 2:8). 그리고 승리하셨습니다(고전 15:55~57). 우리는 하나님이 그리스도 안에서 우리를 위해 싸우셨다는 사실을 기억해야 합니다. 우리는 경외심을 불러일으키는 위대하신 하나님을 기억하고, 멸시와 천대를 받을지라도 끝까지 싸워야 합니다.

Q 인생에서 두려움은 하나님의 뜻을 성취하지 못하게 막는 강력한 존재입니다. 하나님의 백성이 두려움과 싸워 승리하는 방법에는 어떤 것들이 있을까요?

_____

_____

2. 하나님의 백성은 사회의 불의에 대처합니다(느 5:1~13)

¹그때에 백성들이 그들의 아내와 함께 크게 부르짖어 그들의 형제인 유다 사람들을 원망하는데 ²어떤 사람은 말하기를 우리와 우리 자녀가 많으니 양식을 얻어먹고 살아야 하겠다 하고 ³어떤 사람은 말하기를 우리가 밭과 포도원과 집이라도 저당 잡히고 이 흉년에 곡식을 얻자 하고 ⁴어떤 사람은 말하기를 우리는 밭과 포도원으로 돈을 빚내서 왕에게 세금을 바쳤도다 ⁵우리 육체도 우리 형제의 육체와 같고 우리 자녀도 그들의 자녀와 같거늘 이제 우리 자녀를 종으로 파는도다 우리 딸 중에 벌써 종 된 자가 있고 우리의 밭과 포도원이 이미 남의 것이 되었으나 우리에게는 아무런 힘이 없도다 하더라 ⁶내가 백성의 부르짖음과 이런 말을 듣고 크게 노하였으나 ⁷깊이 생각하고 귀족들과 민장들을 꾸짖어 그들에게 이르기를 너희가 각기 형제에게 높은 이자를 취하는도다 하고 대회를 열고 그들을 쳐서 ⁸그들에게 이르기를 우리는 이방인의 손에 팔린 우리 형제 유다 사람들을 우리의 힘을 다하여 도로 찾았거늘 너희는 너희 형제를 팔고자 하느냐 더구나 우리의 손에 팔리게 하겠느냐 하매 그들이 잠잠하여 말이 없기로 ⁹내가 또 이르기를 너희의 소행이 좋지 못하도다 우리의 대적 이방 사람의 비방을 생각하고 우리 하나님을 경외하는 가운데 행할 것이 아니냐 ¹⁰나와 내 형제와 종자들도 역시 돈과 양식을 백성에게 꾸어 주었거니와 우리가 그 이자 받기를 그치자 ¹¹그런즉 너희는 그들에게 오늘이라도 그들의 밭과 포도원과 감람원과 집이며 너희가 꾸어 준 돈이나 양식이나 새 포도주나 기름의 백 분의 일을 돌려보내라 하였더니 ¹²그들이 말하기를 우리가 당신의 말씀대로 행하여 돌려보내고 그들에게서 아무것도 요구하지 아니하리이다 하기로 내가 제사장들을 불러 그들에게 그 말대로 행하겠다고 맹세하게 하고 ¹³내가 옷자락을 털며 이르기를 이 말대로 행하지 아니하는 자는 모두 하나님이 또한 이와 같이 그 집과 산업에서 털어 버리실지니 그는 곧 이렇게 털려서 빈손이 될지로다 하매 회중이 다 아멘 하고 여호와를 찬송하고 백성들이 그 말한 대로 행하였느니라

하나님의 백성이 성벽 재건 사업에 집중하느라 자기 밭을 소홀히 한 듯합니다(2절). 그들은 곡식을 교환하는 대가로 다른 이들을 고용해 자신들의 밭에서 일하게 했습니다(3절). 설상가상으로 기근이 닥쳤는데, 왕은 세금을 유예해 주지 않았습니다(4절). 상황이 이렇다 보니, 하나님의 백성들은 빚을 지고 연약한 아이들을 종으로 팔아야 했습니다(5절). 결과적으로 하나님의 백성은 가난한 이들을 소홀히 하게 되었고, 제대로 돌보지 못하게 되었습니다.

Q 하나님의 뜻과 명령에 순종하고자 할 때, 자기 삶을 면밀히 살펴봐야 하는 이유는 무엇입니까?

_____

_____

_____

_____

_____

느헤미야는 이러한 상황에 크게 분노했습니다. 그들은 자기 자녀들과 가난한 사람들을 참혹한 처지로 내몰았습니다. 그뿐만 아니라 서로 이자를 매기고 있었습니다(6~8절). 모세의 율법은 유대인들끼리 이자를 취하는 것을 엄격히 금했습니다

핵심교리 99   **90. 사회적 관심**

모든 그리스도인은 자기 삶과 인간 사회에서 그리스도의 뜻을 최우선으로 삼아야 할 의무가 있습니다. 사회를 개선하고, 사람들 사이에 의로움을 세우기 위한 수단과 방법들은 그것들이 예수 그리스도 안에 있는 하나님의 구원의 은혜로 말미암아 거듭난 개인들 안에 뿌리를 박고 있을 때만 진정으로, 그리고 영구적으로 도움이 될 수 있습니다. 그리스도인은 그리스도의 정신에 따라, 인종 차별, 탐욕, 이기심, 악덕, 그리고 간음과 동성애와 포르노를 포함한 모든 형태의 성적 부도덕에 저항해야 합니다. 우리는 고아, 노인, 가난한 자, 학대받는 자, 무력한 자, 병든 자들의 필요를 채워 주기 위해 노력해야 합니다. 우리는 태어나지 않은 태아들을 대변해야 하고, 잉태에서 자연적인 죽음에 이르기까지의 모든 인간 생명의 존엄성을 주장해야 합니다. 모든 그리스도인은 의와 진리 그리고 형제애의 원칙에 따라, 정부, 기업, 사회가 전체적으로 움직이도록 노력해야 합니다. 이러한 목적을 위해서, 그리스도인은 그리스도와 그분의 진리를 따르는 데 있어서 타협함이 없이 항상 사랑의 정신으로 정중하게 행동하면서 선한 목적으로 선한 뜻을 가진 모든 사람과 협력할 준비가 되어 있어야 합니다(미 6:8; 엡 6:5~9; 살전 3:12).

(출 22:12~27; 레 25:35~54; 신 23:19~20). 그래서 느헤미야는 그들에게 눈을 뜨고 자신이 저지른 일을 보라고 간곡히 요청했습니다(느 5:9).

하나님의 백성이 종종 인식하지 못하는 것 중 하나는 하나님의 사역을 위협하는 것이 항상 외부에서만 오는 것은 아니라는 것입니다. 문제는 내부에서도 자주 일어납니다. 이 구절은 하나님의 명령을 무시하는 것이 하나님의 사역을 수행하는 데 심각한 영향을 미칠 수도 있다는 것을 보여 줍니다.

좋은 소식은 느헤미야가 그들의 죄를 지적하자, 그들이 회개하고 자기 잘못을 바로잡으려 했다는 것입니다(12~13절). 우리는 복음이 구원만을 위한 것이 아니라, 지속적인 성화를 위한 것이기도 하다는 사실을 기억해야 합니다. 복음은 나에게서 내 전부를 구원해 줍니다. 그래서 회개가 그리스도인의 삶의 중심인 것입니다. 느헤미야의 선언에 "아멘"으로 화답했던 유대 사람들처럼(13절), 우리도 엄중한 하나님의 말씀 앞에 "아멘"으로 화답해야 합니다. 또한 숨은 죄가 드러날 때, 하나님을 찬양해야 합니다. 하나님의 은혜가 죄를 깨닫게 해 회개하고 순종할 수 있게 하기 때문입니다.

Q 자신의 부족함과 죄에 직면할 때, 사람들이 보이는 반응은 두 가지입니다. 회개하고 순종하거나, 하나님의 판결에 저항하는 것입니다. 복음은 회개와 순종의 반응에 어떻게 힘을 실어 줄까요?

3. 하나님의 백성은 성공에 대해 하나님께 영광을 돌려 드립니다(느 6:15~16)

내외부의 위협에도 불구하고, 하나님은 자기 백성이 단 52일 만에 과업을 이루게 하셨습니다. 이것은 하나님의 백성이 하나님을 신뢰하고 순종하면서 인내하면, 그들을 통해 하나님이 무슨 일이든 이루실 수 있다는 사실을 깨닫게 합니다.

¹⁵성벽 역사가 오십이 일 만인 엘룰월 이십오일에 끝나매 ¹⁶우리의 모든 대적과 주위에 있는 이방 족속들이 이를 듣고 다 두려워하여 크게 낙담하였으니 그들이 우리 하나님께서 이 역사를 이루신 것을 앎이니라

Q 하나님이 놀라운 일을 행하시는 것을 보고, 하나님만이 하실 수 있다는 것을 깨달은 적이 있나요?

_____

_____

기독교 역사는 하나님의 백성이 그들의 무능력과 처한 상황에도 불구하고 승리하는 이야기로 가득 차 있습니다(이집트 바로 앞에 섰던 모세, 가톨릭교회 앞에 섰던 종교개혁자들, 공산주의 국가인 중국에서 급성장하고 있는 교회를 생각해 보십시오). 하나님 백성의 잦은 실패와 그들이 사는 사회의 반대에도 불구하고, 교회는 그 자체로 하나님의 승리를 보여 주는 본보기입니다.

하나님이 하시는 모든 일에는 목적이 있음을 기억하는 것이 중요합니다. 구속사를 보면, 주권자 되시는 하나님이 하시는 일에는 우연한 것이 하나도 없었습니다. 느헤미야 시대에 하나님은 약속의 땅에서 자기 백성을 회복시키시고, 그들을 하나님의 언약 백성으로 다시 세우셨습니다. 하나님은 그때와 같이 오늘날에도 역사하고 계십니다.

Q 성공에 대해 하나님께 영광을 돌리지 않으면 어떤 위험이 있습니까?

_____

_____

하나님의 백성이 성벽을 재건하다

결론

느헤미야의 이야기는 앞으로 이루어
질 일에 관한 그림을 보여 줍니다. 고레스의
조서가 유대 사람들이 "하나님의 집"을 재
건하도록 허락했습니다 (스 5:13; 6:3). 하나님
의 집을 재건하는 것은 단순히 성벽과 성과

> "사회적 행위는 복음 전도의 동
> 반자입니다. … 둘 다 거짓 없는
> 사랑의 표현입니다."[3]
> _존 스토트

성전을 회복하는 것뿐만 아니라 하나님의 백성을 회복하는 일이기도 합니다.
다시 말해서, 하나님의 집이란 성을 둘러싸고 있는 성벽과 성전과 백성을 모두
포함한 성 전체를 가리킵니다.

여기서 하나님은 하늘에서 내려올 거룩한 성, 즉 새 예루살렘에 관한 그
림을 우리에게 보여 주십니다 (계 21:2). 하나님의 백성은 언젠가 그 성 안에 모일
것이고, 하나님은 그 안에서 인간과 함께 거하실 것입니다. 그날 하나님의 백
성은 모든 원수에게서 구원을 받을 것이고, 다윗 왕의 계보에 따라 태어나신
약속의 후손이자 왕이신 예수님이 영원한 보좌에 앉아 그들을 다스리실 것입
니다.

그리스도와의 연결

느헤미야 시대에 사람들은 예루살렘 주변 성벽을 재건하고, 그들의 대적에
게서 성을 지키기 위해 모였습니다. 훗날 예수님은 예루살렘의 멸망을 예언
하셨지만, 십자가의 죽음과 부활을 통해 자기 백성이 죄와 죽음이라는 대
적에게서 보호받을 수 있는 길을 만드셨습니다.

> **하나님의 계획**
> 우리의 사명

하나님은 우리가 올바른 방법으로 옳은 일을 수행하고 성공에 대해 하나님께 영광 돌리기를 원하십니다.

1. 지역 사회와 문화에서 복음을 위해 특별히 지혜롭게 행동해야 하는 상황에는 어떤 것들이 있을까요? 그러한 상황에서 우리는 어떻게 행동해야 할까요?

_____

_____

_____

2. 지역 사회에서 일어나는 불의에 대해 교회/공동체는 어떻게 대처해야 할까요? 그 과정에서 예수님을 드러내는 빛의 역할을 어떻게 감당할 수 있을까요?

_____

_____

_____

3. 하나님께 드리는 찬양은 세상에서 증인의 삶을 살아가는 우리에게 어떤 도움이 될까요?

_____

_____

_____

하나님의 백성이 성벽을 재건하다

> *
> 금주의 성경 읽기
> **왕상 22장;
> 대하 18~20장;
> 왕하 1~4장**

에스라가 율법을 가르치다

신학적 주제) **성경적 공동체는 하나님의 말씀이 중심이 되어야 합니다.**

Session
11

몇 년 전에 청소년 콘퍼런스에서 강연을 했을 때, 한 학생이 제게 다가와 하나님을 믿지 않는 이유를 열거하면서 질문을 퍼부었습니다. 저는 인내심을 가지고 그를 다정하게 대하려고 노력하면서 그의 딜레마를 다루는 성경 구절들을 알려 주었습니다.

얼마 후 그는 질문을 멈추고, 과거에 알코올 의존증과 마약 남용 문제에 부딪혔던 이야기를 들려주기 시작했습니다. 그는 자신이 하나님의 용서를 받기에는 너무 많은 죄를 지었다고 생각했습니다. 저는 그에게 복음을 전했고, 마침내 그는 저와 함께 기도했습니다. 비로소 그는 그리스도를 믿는 신앙을 고백할 준비가 되었습니다.

그날의 일은 하나님의 백성이 기도하고 성경을 읽고 말씀을 나누며 주님의 일하심을 기대할 때, 하나님이 능력으로 역사하신다는 사실을 기억하게 합니다.

Date . .

Q 하나님의 말씀이 지닌 힘을 제대로 경험해 본 적이 있습니까?

_____

_____

Q 하나님의 말씀을 들으면, 결과적으로 어떤 일이 일어납니까?

_____

_____

이 세션에서 우리는 하나님의 말씀으로 빚어지는 하나님 백성의 모습을 살펴볼 것입니다. 에스라가 하나님의 말씀을 선포하자, 백성들은 하나님의 음성에 귀를 기울이고 회개로 반응해 새롭게 되었습니다. 이처럼 성경적 교제의 중심에는 하나님의 말씀이 있어야만 합니다. 우리가 함께 모여서 성경을 통해 말씀하시는 하나님의 음성을 들으면, 회개하라는 책망을 받고 교제하는 가운데 힘을 얻으며 사명을 받게 됩니다.

> "때때로 성경을 판단하려고 드는 거만한 태도를 회개하고, 성경의 심판 아래 겸손히 앉아야 한다는 사실을 배울 필요가 있습니다. 고정관념을 가지고 성경을 읽으면, 하나님은 우리에게 말씀하지 않으실 것이며 자기 편견만 더욱 강화될 것입니다."[1]
>
> _존 스토트

1. 하나님의 백성은 하나님의 말씀 선포에 중점을 둡니다

(느 8:1~2)

하나의 목적을 위해 사람들이 함께 모이는 데는 특별한 무언가가 있습니다. 사람들은 운동경기, 음악회, 명절 축하 행사 등 하나의 관심사로 모이기를 좋아합니다. 신자들이 하나님의 말씀을 듣기 위해 모일 때도 마찬가지입니다.

117

우리는 느헤미야 8장에서 하나님의 말씀을 듣기 위해 모이는 하나님 백성의 귀한 사례를 볼 수 있습니다.

> ¹이스라엘 자손이 자기들의 성읍에 거주하였더니 일곱째 달에 이르러 모든 백성이 일제히 수문 앞 광장에 모여 학사 에스라에게 여호와께서 이스라엘에게 명령하신 모세의 율법책을 가져오기를 청하매 ²일곱째 달 초하루에 제사장 에스라가 율법책을 가지고 회중 앞 곧 남자나 여자나 알아들을 만한 모든 사람 앞에 이르러

이스라엘 역사를 살펴보면, 우상 숭배야말로 하나님으로부터 멀어지는 근본적인 이유임을 알 수 있습니다. 하나님의 백성은 그들의 죄 때문에 70년 동안이나 바벨론에서 포로 생활을 해야 했습니다. 이제 많은 유대인이 예루살렘으로 귀환해 공개적인 자리에서 함께 하나님의 말씀을 듣고 주님을 예배할 수 있게 되었습니다. 행사가 시기적절하게 열렸습니다. 율법에 따르면, 온 백성이 7년마다 모여 율법을 들어야 했습니다(신 31:9~13).

오늘날 우리는 하나님의 말씀을 들을 기회를 기다릴 필요가 없습니다. 7년마다가 아니라 7일마다 하나님의 말씀을 듣고 있으니, 이 얼마나 큰 복입니까. 게다가 일주일 내내 직접 말씀을 읽을 수도 있지 않습니까. 우리가 함께 모여서 목사님이 "진리의 말씀을 옳게 분별"(딤후 2:15; 4:12)해 전하는 말씀을 듣는 것의 유익은 하나님의 백성인 우리가 하나님의 영광을 위해 명령하신 선한 일을 행할 능력을 갖추게 된다는 데 있습니다(엡 2:10; 4:11~16).

Q 교회가 하나님의 말씀 선포에 중점을 두는지, 아니면 다른 것에 중점을 두는지 어떻게 알 수 있을까요?

_____

_____

Q 신자들이 모여서 하나님의 말씀을 듣는 일이 왜 그렇게 중요할까요?

_____

흥분과 기대로 가득 찬 느헤미야 8장의 이 장면은 인도네시아 서파푸아의 킴얄 부족(Kimyal Tribe)을 떠올리게 합니다. 2010년, 이 부족 사람들은 비행기 착륙장에 모였습니다. 다가오는 비행기에는 그들의 말로 번역된 신약성경의 초판이 실려 있었습니다.

> "하나님의 말씀을 이해하는 것은 하나님을 이해하는 통로가 됩니다. 그로 말미암아 우리는 기쁨을 누립니다."[2]
>
> _어거스틴 파골루

다. 부족민들은 비행기가 눈에 보이자 기쁨의 함성을 지르기 시작했고, 비행기에서 성경이 내려지자 감격에 겨워 울기까지 했습니다. 그들은 성경을 마을로 가져가기 위해 나무로 만든 배에 실었습니다. 가슴이 뭉클해지는 순간이었습니다.

이 장면을 보면서 저는 '내가 이처럼 하나님의 말씀을 귀히 여기며 기뻐했던 적이 언제였던가?' 하는 생각에 부끄러워질 수밖에 없었습니다.

Q 하나님의 말씀을 향한 생생한 굶주림과 갈증을 느끼는 데 방해가 되는 것은 무엇인가요?

_____

_____

_____

2. 하나님의 백성은 하나님의 말씀을 존중합니다(느 8:3~6)

³수문 앞 광장에서 새벽부터 정오까지 남자나 여자나 알아들을 만한 모든 사람 앞에서 읽으매 뭇 백성이 그 율법책에 귀를 기울였는데 ⁴그때에 학사 에스라가 특별히 지은 나무 강단에 서고 그의 곁 오른쪽에 선 자는 맛디댜와 스마와 아나야와 우리야와 힐기야와 마아세야요 그의 왼쪽에 선 자는 브다야와 미사엘과 말기야와 하숨과 하스밧다나와 스가랴와 므술람이라 ⁵에스라가 모든 백성 위에 서서 그들 목전에 책을 펴니 책을 펼 때에 모든 백성이 일어서니라 ⁶에스라가 위대하신 하나님 여호와를 송

축하매 모든 백성이 손을 들고 아멘 아멘 하고 응답하고 몸을 굽혀 얼굴을 땅에 대고 여호와께 경배하니라

이스라엘 백성들은 선 채로 무려 6시간 동안이나 하나님의 말씀을 들었습니다! 그들에게는 지루할 때 만지작거릴 수 있는 휴대 전화와 같은 전자기기도 없었습니다. 그들은 수십 년간 성경 낭독을 공개적으로 들을 수 없었습니다. 그러나 이제 하나님의 음성이 다시 들려지고, 그들이 하나님의 말씀을 듣습니다.

 하나님의 말씀을 간절히 구하지 못하는 이유는 무엇일까요?

_____

_____

느헤미야 8장 4~6절에서 우리는 이스라엘 지도자들이 백성들을 인도하고 깨우침으로써 어떻게 영향을 끼쳤는지를 볼 수 있습니다. 백성들은 하나님의 말씀이 낭독될 때 지도자들의 모습을 지켜봤습니다. 에스라가 하나님을 찬양했고, 백성들은 그의 모습을 보고 따라 했습니다. 이 장면에서 지도자들은 그들이 이끌고 있는 백성들과 함께 하나님의 말씀을 겸손히 경청함으로써 그들만의 문화를 만들어 가고 있었습니다.

백성들의 반응은 놀랍습니다.

첫째, 에스라가 성경을 펼치자 모든 백성이 일어섰습니다. 에스라가 기도한 후 하나님을 송축하라고 선언하자 백성들은 손을 들고 "아멘, 아멘" 하고 화답했습니다.

둘째, 백성들은 하나님의 말씀

> **핵심교리**
> **99**
> **3. 성경의 영감**
>
> '성경의 영감'이란 성경을 기록한 인간 저자들에게 하나님이 지시하신 것을 가리키는데, 그들은 하나님이 인류에게 주시는 메시지를 자기 글로 작성하고 기록했습니다(딤후 3:16; 벧후 1:19~21). 성경의 영감은 하나님이 인간 저자에게 직접 말씀해 주시는 구술 방식으로 이루어지기도 했습니다. 그러나 대부분은 성령님이 저자들의 인격에 초자연적인 영향력을 행사하시는 방식으로 이루어졌으므로 그들의 글은 곧 하나님의 말씀으로 간주됩니다.

을 읽음으로써 그들에게 하나님의 복이 임하기를 기대했습니다. 그래서 주님
께 경배하는 동안 몸을 굽혀 얼굴을 땅에 대는 겸손한 행동을 취했습니다. 하
나님의 백성이 한목소리로 하나님을 송축하고 예배하는 아름다운 모습이었습
니다.

    셋째, 그들이 함께 모여 하나님의 말씀을 듣고 있다는 사실에 주목하십
시오. 진정한 부흥은 공동체 안에서 경험되는 법입니다.

Q 큰 소리로 낭독되는 하나님의 말씀을 들을 때, 하나님이 어떤 복을 주실지 기대가 됩
니까?

_____

_____

Q 하나님의 말씀을 읽는 것을 통해 부흥이 일어나는 이유는 무엇일까요?

_____

_____

3. 하나님의 백성은 회개와 책무로 반응합니다(느 8:7~12)

⁷예수아와 바니와 세레뱌와 야민과 악굽과 사브대와 호디야와 마아세야
와 그리다와 아사랴와 요사밧과 하난과 블라야와 레위 사람들은 백성이
제자리에 서 있는 동안 그들에게 율법을 깨닫게 하였는데 ⁸하나님의 율
법책을 낭독하고 그 뜻을 해석하여 백성에게 그 낭독하는 것을 다 깨닫
게 하니 ⁹백성이 율법의 말씀을 듣고 다 우는지라 총독 느헤미야와 제사
장 겸 학사 에스라와 백성을 가르치는 레위 사람들이 모든 백성에게 이
르기를 오늘은 너희 하나님 여호와의 성일이니 슬퍼하지 말며 울지 말라
하고 ¹⁰느헤미야가 또 그들에게 이르기를 너희는 가서 살진 것을 먹고 단
것을 마시되 준비하지 못한 자에게는 나누어 주라 이날은 우리 주의 성
일이니 근심하지 말라 여호와로 인하여 기뻐하는 것이 너희의 힘이니라

하고 ¹¹레위 사람들도 모든 백성을 정숙하게 하여 이르기를 오늘은 성일
이니 마땅히 조용하고 근심하지 말라 하니 ¹²모든 백성이 곧 가서 먹고
마시며 나누어 주고 크게 즐거워하니 이는 그들이 그 읽어 들려준 말을
밝히 앎이라

여기서 우리는 에스라가 성경을 낭독하는 모습을 보게 됩니다. 그곳에
모인 사람들 중에는 바벨론에서 자라 히브리어를 알지 못하고, 따라서 성경의
말씀을 이해하지 못하는 사람들도 있었습니다. 그래서 레위인들이 백성들 사
이를 걸어 다니면서 그들이 이해할 수 있는 언어로 성경을 다시 설명해 주었습
니다. 백성들은 하나님의 말씀을 이해하자 울기 시작했습니다. 대대로 내려온
불순종을 깨닫고 마음이 무너진 것입니다.

Q 누군가 당신이 어려운 성경 내용을 쉽게 이해할 수 있도록 도와준 적이 있습니까?

_____

_____

Q 다른 사람을 그와 같이 도운 적이 있습니까?

_____

_____

하나님은 백성들에게 회개하고 주님의 거룩함을 기념할 수 있는 기회를
주셨습니다. 그들은 새해를 기념하는 나팔절을 축하했습니다. 이것이 바로 자
기 백성을 위하시는 하나님의 방식인 듯합니다. 즉 하나님은 말씀하시고, 그 백
성은 마음과 귀를 열어 듣습니다. 하나님이 그들의 잘못을 지적하시면, 백성들
은 자기 죄로 인해 마음이 무너집니다. 그러면 하나님이 말씀으로 그들을 위로
하시고 의롭게 사는 길을 가르쳐 주십니다.

오늘날 우리가 누리는 평안은 복음에서 비롯된 것입니다. 예수님은 자신
을 구주로 영접하는 모든 이에게 구원과 성화의 삶을 허락해 주십니다. 복음은
그리스도를 구주로 영접한 이들은 결과적으로 죄 용서까지 받는다고 약속합

니다. 왜냐하면 죄 없으신 예수님이 우리를 대신해 죄가 되셨으므로 우리는 하나님의 의가 될 수 있기 때문입니다(고후 5:21; 엡 1:7).

그러나 이것은 이야기의 끝이 아닙니다. 그리스도인은 성령 하나님이 내 주하심으로써 의롭게 살아갈 능력을 복으로 받았습니다(롬 8:9~13). 주님은 하나님의 말씀을 읽고 설교를 들을 때, 그 말씀을 이해할 수 있는 능력을 주십니다. 성령님은 죄를 깨닫게 하시고, 죄를 고백할 힘을 주시고, 육체의 정욕을 죽이게 하십니다(롬 8:13).

하나님께 죄를 고백할 뿐만 아니라, 나아가 그다음 단계로 죄를 서로 고백해야 합니다. 하나님이 우리를 용서해 주신 것처럼, 우리도 다른 사람들을 용서해야 합니다. 그럴 때 비로소 공동체에서 부흥을 경험하고 누리게 될 것입니다!

이것이 우리 삶에서 반복된다면, 우리는 집이나 학교나 직장에서 예수 그리스도의 제자를 세우는 일을 더 쉽게 할 수 있을 것입니다.

Q 하나님의 말씀에 순종하고자 할 때, 어떤 식으로 서로 책임질 수 있을까요?

_____

_____

Q 그러한 책무는 예수님을 향한 사랑으로 동기가 부여된다는 사실을 어떻게 확신할 수 있을까요?

_____

_____

에스라기 멸법을 가르치다

결론

부흥은 하나님의 백성이 하나님의 말씀을 읽고 설명하는 것을 통해 들리는 주님의 음성에 집중할 때 경험할 수 있습니다. 부흥은 혼자서는 체험할 수 없고, 공동체 안에서만 경험할 수 있습니다. 부흥은 하나님의 백성들이 회개하고, 서로를 책임질 때 일어납니다. 이것이 바로 우리가 히브리서 말씀을 지켜야 하는 이유입니다.

> "많은 사람이 부흥을 위해 기도하고 있지만, … 추수하시는 하나님의 뜻에 맞게 기도하는 것이 더 시의적절하며 더 성경적일 것입니다. 그러면 하나님이 부흥을 일으킬 진리를 담대하고 신실하게 전할 일꾼들을 일으켜 보내실 것입니다."[3]
>
> _아더 핑크

"서로 돌아보아 사랑과 선행을 격려하며 모이기를 폐하는 어떤 사람들의 습관과 같이 하지 말고 오직 권하여 그날이 가까움을 볼수록 더욱 그리하자"(히 10:24~25).

함께 모여 하나님의 말씀을 듣는 훈련을 할 때, 그 말씀이 우리를 둘러싼 세상을 바라보고 생각하는 방식에 영향을 줄 것입니다. 하나님을 더욱 알기 원하는 부담감이 커질 것입니다. 아직 하나님을 모르고, 하나님을 찾지도 않는 이들에게 복음을 전하고 싶은 열망이 계속 자라날 것입니다.

그리스도와의 연결

바벨론에서 귀환한 백성들처럼 하나님의 말씀을 읽으면 신앙의 유산과 하나님의 신실하심과 하나님의 구원 사역을 떠올리게 됩니다. 그리고 예수 그리스도의 십자가를 통해 세상에 구원을 전하시는 하나님의 계획을 깨닫게 됩니다.

| 하나님의 계획
우리의 사명 | 하나님의 말씀은 항상 우리를 그리스도께 인도하며, 그리스도께서는 항상 우리를 다른 사람들에게로 인도하십니다. |

1. 어떻게 하면 하나님의 말씀을 읽고 듣고자 하는 열망을 더 키울 수 있을까요?

_____

_____

_____

2. 어떻게 하면 하나님의 말씀으로 공동체 문화를 만들어 갈 수 있을까요? 가정과 교회와 지역 사회에서 어떻게 하면 좋을까요?

_____

_____

_____

3. 예수 그리스도의 복음을 가지고 다른 사람들에게 나아갈 수 있는 구체적인 방법을 생각해 보세요. 어떻게 하면 공동체 차원에서 선교 사역을 책임질 수 있을까요?

_____

_____

_____

에스라가 율법을 가르치다

> *
> 금주의 성경 읽기
> 왕하 5~8장;
> 대하 21:1~22:9

피상적인 예배가 문제를 일으키다

신학적 주제

진정한 예배는 하나님의 위대한 가치를 찬양하고, 예배자에게 복을 가져다줍니다.

Session 12

말콤 글래드웰(Malcolm Gladwell)은 자기 저서 《아웃라이어》(Outliers)에서 벼락 성공은 아주 드물다고 주장합니다. 그는 로버트 오펜하이머나 빌 게이츠나 비틀즈 등 성공한 사람들의 삶을 면밀히 관찰했습니다. 그는 그들이 단숨에 성공한 것이 아니라고 말합니다. 즉 그들이 아무도 보지 않을 때 최소 1만 시간을 투자해 자기 분야를 위해 노력했기에 성공할 수 있었다는 것입니다.

Q 운동선수나 사업가나 배우 등 자신이 흠모하는 성공한 누군가를 떠올려 보세요. 그를 어떻게 묘사하겠습니까?

운동선수를 좋아한다면, '성실하다, 열정적이다, 열심이다'라는 말로 그를 묘사할 수 있을 것입니다. 사업가나 배우에게도 똑같은 표현을 쓸 수 있을 것입니다.

Date . .

이제 질문을 바꿔 봅시다. 주님을 향한 자신의 헌신과 예배의 모습을 묘사해 보라고 하면 어떨까요? 자신의 헌신과 예배의 모습에도 똑같은 표현을 쓸 수 있겠습니까?

구약성경의 마지막 책인 말라기서는 하나님의 백성이 하나님을 어떻게 예배해야 하는지, 더욱 구체적으로는 어떻게 예배

> "입술로 하나님을 예배하면서 삶으로는 예배하지 않을 수 있습니다. 하지만 삶으로 예배하지 않는다면, 입술로도 예배할 수 없다고 말해 주고 싶습니다."[1]
>
> _A. W. 토저

하면 안 되는지를 우리에게 보여 줍니다. 말라기가 기록한 사람들이 드린 예배는 진부하고 생명력이 없었습니다. 하나님은 말라기 선지자에게 건성으로 예배하는 백성들을 일깨우는 말씀을 주셨습니다. 그 메시지는 오늘날 우리에게도 여전히 유효합니다.

1. 피상적인 예배는 하나님의 위대하심을 하찮게 만듭니다

(말 1:6~14)

> [6]내 이름을 멸시하는 제사장들아 나 만군의 여호와가 너희에게 이르기를 아들은 그 아버지를, 종은 그 주인을 공경하나니 내가 아버지일진대 나를 공경함이 어디 있느냐 내가 주인일진대 나를 두려워함이 어디 있느냐 하나 너희는 이르기를 우리가 어떻게 주의 이름을 멸시하였나이까 하는도다 [7]너희가 더러운 떡을 나의 제단에 드리고도 말하기를 우리가 어떻게 주를 더럽게 하였나이까 하는도다 이는 너희가 여호와의 식탁은 경멸히 여길 것이라 말하기 때문이라 [8]만군의 여호와가 이르노라 너희가 눈먼 희생제물을 바치는 것이 어찌 악하지 아니하며 저는 것, 병든 것을 드리는 것이 어찌 악하지 아니하냐 이제 그것을 너희 총독에게 드려 보라 그가 너를 기뻐하겠으며 너를 받아 주겠느냐 [9]만군의 여호와가

피상적인 예배가 문제를 일으키다

이르노라 너희는 나 하나님께 은혜를 구하면서 우리를 불쌍히 여기소서 하여 보라 너희가 이같이 행하였으니 내가 너희 중 하나인들 받겠느냐

 Q 하나님을 향한 경외심이 부족함을 여실히 보여 주는 제사장의 행동은 무엇입니까?

---

¹⁰만군의 여호와가 이르노라 너희가 내 제단 위에 헛되이 불사르지 못하게 하기 위하여 너희 중에 성전 문을 닫을 자가 있었으면 좋겠도다 내가 너희를 기뻐하지 아니하며 너희가 손으로 드리는 것을 받지도 아니하리라 ¹¹만군의 여호와가 이르노라 해 뜨는 곳에서부터 해 지는 곳까지의 이방 민족 중에서 내 이름이 크게 될 것이라 각처에서 내 이름을 위하여 분향하며 깨끗한 제물을 드리리니 이는 내 이름이 이방 민족 중에서 크게 될 것임이니라 ¹²그러나 너희는 말하기를 여호와의 식탁은 더러워졌고 그 위에 있는 과일 곧 먹을 것은 경멸히 여길 것이라 하여 내 이름을 더럽히는도다 ¹³만군의 여호와가 이르노라 너희가 또 말하기를 이 일이 얼마나 번거로운고 하며 코웃음 치고 훔친 물건과 저는 것, 병든 것을 가져왔느니라 너희가 이같이 봉헌물을 가져오니 내가 그것을 너희 손에서 받겠느냐 이는 여호와의 말이니라 ¹⁴짐승 떼 가운데에 수컷이 있거늘 그 서원하는 일에 흠 있는 것으로 속여 내게 드리는 자는 저주를 받으리니 나는 큰 임금이요 내 이름은 이방 민족 중에서 두려워하는 것이 됨이니라 만군의 여호와의 말이니라

제사장들이 하나님 앞에서 경솔하게 행동하는 바람에 유대 백성이 모두 그렇게 행동했고, 결국 하나님의 진노가 시작되고 말았습니다. 하나님은 부당하게 화를 내신 게 아닙니다. 주님은 자신에게 합당한 영광을 요구하고 계십니다. 경외심이 결여된 백성의 모습에 하나님의 진노가 불붙었는데, 그들이 하나님의 존귀함을 깎아내렸기 때문입니다. 하나님의 위대하심은 우리로 하여금 무릎 꿇게 하고, 가진 것 중에 최고의 것으로 하나님을 경배하게 합니다.

성경은 그리스도의 제자들에게 다음 5가지를 하나님께 올려 드리라고 권면합니다.

- 우리의 몸(롬 12:1~2)
- 우리의 물질(빌 4:14~18)
- 우리의 찬송(히 13:15)
- 우리의 행함(히 13:16)
- 우리의 증거(롬 15:16)

> *"하나님의 영광을 계속해서 바라보는 삶을 살아가십시오. 이것이 바로 여러분이 존재하는 이유입니다. 이 열정만이 여러분을 궁극적으로 자유롭게 해 줄 수 있습니다. 세상 죄를 지고 가는 하나님의 어린양을 보면서 살아가십시오."[2]*
>
> _매트 파파

 5가지 '제물'로 하나님께 예배드릴 때, 하나님의 위대하심이 어떤 식으로 드러납니까?

_____

_____

2. 피상적인 예배는 하나님의 존귀함을 깎아내립니다(말 3:7~12)

누나와 남동생이 욕조에서 '노아의 방주' 놀이를 하고 있었습니다. 홍수가 물러간 뒤, 아이들은 하나님께 제물을 드리기로 했습니다. 노아 역할의 남동생이 아내 역할의 누나에게 이렇게 말합니다.

"누나의 동물 장난감 중에서 하나를 드리자."

그러자 누나가 동생에게 말합니다.

"싫어. 네 걸로 드리자."

합의점을 찾지 못하자 누나가 다락방으로 달려가더니 잠시 뒤 낡은 양 인형을 들고 나타났습니다. 머리는 찌그러졌고, 꼬리는 떨어졌으며, 지저분한 상태였습니다. 누나는 동생에게 인형을 내밀며 이렇게 말합니다.

"여기 있어. 이걸로 드리자. 어차피 다시 갖고 놀지 않을 거잖아."

슬프게도 이 예화는 하나님에 관한 우리 마음속 동기를 보여 줍니다. 때때로 우리는 하나님께 최선이 아닌 남은 것을 드립니다.

⁷만군의 여호와가 이르노라 너희 조상들의 날로부터 너희가 나의 규례
를 떠나 지키지 아니하였도다 그런즉 내게로 돌아오라 그리하면 나도 너
희에게로 돌아가리라 하였더니 너희가 이르기를 우리가 어떻게 하여야
돌아가리이까 하는도다 ⁸사람이 어찌 하나님의 것을 도둑질하겠느냐 그
러나 너희는 나의 것을 도둑질하고도 말하기를 우리가 어떻게 주의 것
을 도둑질하였나이까 하는도다 이는 곧 십일조와 봉헌물이라 ⁹너희 곧
온 나라가 나의 것을 도둑질하였으므로 너희가 저주를 받았느니라 ¹⁰만
군의 여호와가 이르노라 너희의 온전한 십일조를 창고에 들여 나의 집에
양식이 있게 하고 그것으로 나를 시험하여 내가 하늘 문을 열고 너희에
게 복을 쌓을 곳이 없도록 붓지 아니하나 보라 ¹¹만군의 여호와가 이르노
라 내가 너희를 위하여 메뚜기를 금하여 너희 토지 소산을 먹어 없애지
못하게 하며 너희 밭의 포도나무 열매가 기한 전에 떨어지지 않게 하리
니 ¹²너희 땅이 아름다워지므로 모든 이방인들이 너희를 복되다 하리라
만군의 여호와의 말이니라

하나님의 말씀을 들은 이스라엘 백성들이 하나님과 화해할 수 있는 길
을 보여 달라고 요청했습니다. "우리가 어떻게 하여야 돌아가리이까?" 그러나
그들의 질문은 진실하지 않았습니다. 그들은 하나님께 돌아가고자 하는 열망
을 표현한 것이 아닙니다. 오히려 애초에 떠난 적이 없다고 말하는 것입니다. 어
쨌든 그들은 여전히 하나님께 제물을 드리고 있었기 때문입니다.

 사실 그렇지 않은데 하나님과 친밀하다고 주장하며 이에 대한 증거로 내세우는 것에
는 어떤 것들이 있습니까?

_____

_____

이스라엘 백성에게 돌을 던지기에 앞서, 우리는 자신이 얼마나 쉽게 방황
하는지를 생각해 봐야 합니다. 누군가는 이렇게 말할 것입니다. "내가 하나님과
멀어졌다니요? 나는 매주 교회에 다니고 있고, 우리 아이들도 매주 주일학교에

다니고 있어요. 그런데 어떻게 내가 하나님
과 멀어졌다고 말할 수 있나요?" 안타깝게
도 많은 사람이 자신이 장님이라는 사실을
깨닫지 못합니다. 하나님이 유대 백성에게
하신 것과 같은 말씀을 해 주실 것입니다.

"너는 나와 멀어지지 않았다고 생각할 테지만, 너는 내게서 멀리 있구나."

사실 이전부터 하나님은 유대 백성의 볼품없는 제사와 예배 부족과 우
상 숭배와 불성실함을 책망해 오셨습니다. 그런데 여기서 문제의 근원을 건드
리십니다. 문제의 핵심은 마음에 있었습니다. 특히 그들은 하나님께 드리는 대
신 가지고 있거나 쓰는 이기적인 선택을 함으로써 재물을 잘못 배분해 왔습니
다. 봉헌은 우리 마음 상태를 나타내는 지표이자, 우리가 하나님을 얼마나 존귀
하게 여기는지를 보여 주는 척도임을 잊어서는 안 됩니다.

Q 소비 습관과 마음은 어떤 관련이 있습니까?

_____

_____

Q "네 보물 있는 그곳에는 네 마음도 있느니라"(마 6:9~21)라고 하신 예수님의 가르침
과 본문은 어떤 관련이 있습니까?

_____

_____

하나님은 백성들에게 이 일로 자신을 시험해 보라고 말씀하셨습니다. 이
것은 놀라운 일입니다. 하나님이 "나를 시험해 보라"고 말씀하시다니요! 백성
들이 하나님을 재정적으로 시험한다면, 하나님이 그들을 집어삼키려는 이들로
부터 그들을 보호하시고, 그들의 육체적인 필요를 채워 주시며, 온 열방에 명성
을 날리게 하시는 분임을 알게 될 것입니다.

말라기 3장 7~12절을 통해, 우리 행동과 하나님의 반응에 관한 세 가지
사실을 배울 수 있습니다.

첫째, 겸손하고 신실하게 예배드리면서 하나님의 명령에 순종한다면, 우리를 위해 역사하시는 하나님을 보게 될 것입니다. 이것은 하나님이 즉각적으로 보상해 주시거나 재정적으로 채워 주신다는 뜻은 아닙니다. 그러나 재정적인 면에서 하나님께 의지한다면, 분명히 주님이 주시는 복을 누리게 될 것입니다.

둘째, 우리를 규정하는 것은 우리가 가진 것이나 노력해서 얻었다고 생각하는 것들이 아닙니다. 하나님이 주신 자원들을 가지고 무슨 일을 했는가가 우리를 규정합니다.

셋째, 본문에서 우리는 백성들이 신실하지 않을 때조차 하나님은 언약을 신실하게 지키시는 분임을 볼 수 있습니다. 유대 백성들은 또다시 실패했지만, 하나님은 절대로 실패하지 않으십니다. 그리스도의 삶에서 우리는 아버지께 순종하기 위해 자신을 기꺼이 바치셨던 분을 보게 됩니다. 그분은 자기 죽음을 통해 풍성하게 부어지는 하나님 나라의 복이 되셨고, 하나님은 이 복을 믿는 자들에게 허락하셨습니다.

Q 그리스도인은 그리스도께서 우리를 위해 하신 대로 순종하는 자에게 복을 주시겠다는 하나님의 약속을 어떻게 이해하고 적용해야 할까요?

_____

_____

3. 피상적인 예배는 심판받아 마땅합니다(말 4:1~6)

¹만군의 여호와가 이르노라 보라 용광로 불 같은 날이 이르리니 교만한 자와 악을 행하는 자는 다 지푸라기 같을 것이라 그 이르는 날에 그들을 살라 그 뿌리와 가지를 남기지 아니할 것이로되 ²내 이름을 경외하는 너희에게는 공의로운 해가 떠올라서 치료하는 광선을 비추리니 너희가 나가서 외양간에서 나온 송아지 같이 뛰리라 ³또 너희가 악인을 밟을 것이니 그들이 내가 정한 날에 너희 발바닥 밑에 재와 같으리라 만군의 여호와의 말이니라 ⁴너희는 내가 호렙에서 온 이스라엘을 위하여 내 종 모세

에게 명령한 법 곧 율례와 법도를 기억하라 ⁵보라 여호와의 크고 두려운 날이 이르기 전에 내가 선지자 엘리야를 너희에게 보내리니 ⁶그가 아버지의 마음을 자녀에게로 돌이키게 하고 자녀들의 마음을 그들의 아버지에게로 돌이키게 하리라 돌이키지 아니하면 두렵건대 내가 와서 저주로 그 땅을 칠까 하노라 하시니라

유대 백성들은 자신들이 하나님이 택하신 백성이라는 점 때문에 영원한 복을 기대했습니다. 하지만 그들이 받은 것은 경고였습니다. 하나님이 모든 잘못을 바로잡으러 "용광로 불"처럼 오실 것입니다. 하나님의 심판은 심드렁하고 미지근한 예배에서부터 시작될 것입니다. 그들은 하나님이 오셔서 그들의 원수의 잘못을 갚아 주시리라 기대했습니다. 그러나 그들은 그날이 자신들에게도 심판의 날이 된다는 것은 알지 못했습니다.

주님이 다시 오시면, 똑같은 조건으로 심판하실 것입니다. 공의로 심판하실 텐데, 그것을 위해 준비하는 것은 우리의 몫입니다. 우리는 자신에게 이렇게 물어야 합니다.

"나는 예수님의 재림에 준비되어 있는가?"

말라기의 마지막 두 구절은 구약성경에서 가장 무시무시한 내용입니다. 말라기 선지자는 다가올 종말을 예비하러 올 누군가에 대한 약속과 가정과 공동체가 회개하지 않으면 임할 저주의 경고로 끝을 맺습니다. 예수님은 '엘리야'로도 불리는 그 사람이 바로 하나님의 백성에게 회개의 메시지를 전했던 세례 요한임을 분명히 밝히셨습니다(마 17:10~12). 그러나 이 예언에서부터 그가 올 때까지 하나님은 침묵하셨습니다.

Q 심판의 약속을 듣고, 자기 생명을 구하려고 애쓰는 사람을 어떻게 인도해야 할까요? 성경적으로 올바른 반응은 무엇일까요?

결론

신약성경에서 제사장 사가랴는 노년에 아들이 생길 것이라는 천사의 말을 믿지 않은 탓에 말을 못하게 되었습니다. 그 아들 세례 요한이 마침내 태어났을 때, 사가랴의 입이 열렸고 그는 하나님을 찬양했습니다. 그리고 성령 충만한 가운데 요한이 "돋는 해가 위로부터" 임하는 길을 예비할 것이라고 예언했습니다(눅 1:78~79). 이는 말라기 4장 2절의 말씀을 직접적으로 언급한 것입니다. "공의로운 해"(말 4:2)는 오실 메시아를 가리킵니다. 하나님의 아들, 예수 그리스도께서 바로 그 "해"이십니다.

오늘날 우리는 오실 메시아를 400년이나 기다리지 않아도 되니 기쁘지 않습니까? 그 대신 우리는 우리 죄에서 우리를 구원하러 오신 메시아 예수님을 바라봅니다. 주님은 "나는 세상의 빛"(요 8:12)이라고 선언하셨습니다. 오늘날 우리는 "그 빛이 내 마음속에 들어오셨는가?" 하고 자문해 봐야 합니다.

핵심교리
99

89. 예배

예배를 하나의 행사나, 찬양을 부르는 모임 정도로 과소평가하는 사람이 많습니다. 그러나 예배는 심령에 관계된 것으로 삶의 모든 영역으로 확대되는 것입니다. 예배의 목적과 초점은 하나님께 있으며, 하나님께 합당한 찬양과 경배를 드리는 것입니다. 그리스도인은 개인의 삶 가운데서 예배를 드려야 합니다. 그리고 다른 그리스도인들과 함께 모여서도 하나님을 예배하며 그분의 영광을 위해 자기 재능을 사용해야 합니다. 함께 드리는 예배는 그리스도인들의 덕을 세우고 그들을 굳세게 할 뿐만 아니라, 믿지 않는 사람들에게도 하나님의 위대하심을 증거하는 역할을 합니다.

그리스도와의 연결

말라기 이후로 하나님의 예언 말씀은 400년간 없었습니다. 말라기 선지자는 하나님 나라를 가져올 메시아의 길을 예비하러 올 사자에 관해 예언했습니다. 몇 세기가 지난 후 세례 요한이 예수님의 길을 예비하는 사자로 왔습니다. 구약성경의 마지막 단어는 '저주'입니다. 우리 죄의 끝을 일깨워 주기 위함입니다. 그런데 신약성경에서 예수님이 말씀하신 첫 번째 말씀 중 하나가 '복'입니다. 우리 저주를 감당하신 분이 바로 우리에게 복을 주시는 분입니다.

> **하나님의 계획**
> 우리의 사명

우리는 하나님의 존귀함을 높여 만백성이 주님의 이름을 알 수 있도록 진심으로 예배드려야 합니다.

1. 하나님의 위엄과 회개의 필요성에 관한 생각을 약화시키는, 개인적이거나 공동체적인 활동에는 어떤 것들이 있습니까?

    _____

    _____

    _____

2. 예배는 작정하고 넉넉히 드리는 헌금을 통해 어떻게 하나님의 선교를 지원할 수 있으며, 예수님을 전할 기회를 줄 수 있습니까?

    _____

    _____

    _____

3. 다가올 심판의 날은 믿음의 길을 걸어가는 우리 태도와 행동에 어떤 영향을 미치나요? 복음을 전하는 사명에는 어떤 영향을 미치나요?

    _____

    _____

    _____

피상적인 예배가 문제를 일으키다

> *
> 금주의 성경 읽기
> **왕하 9~15장;
> 대하 22:10~27:9;
> 욘 1~4장**

appendix

포로와 귀환에서 예수님 바라보기

구약	신약
주님 예수님의 길을 예비할 사자를 보내실 것임(말 3:1)	**주 예수님** 세례 요한이 예수님의 길을 예비함(눅 1:76~77)
다니엘 왕의 음식과 포도주로 자신을 더럽히지 않기로 결심함(단 1:8)	**예수님** 죄를 없애기 위해 오셨지만, 그분에게는 죄가 없었음(요일 3:5)
네 번째 사람 사드락, 메삭, 아벳느고와 함께 풀무 불 속에 있었던 그는 "신들의 아들"과도 같았음(단 3:25)	**하나님의 아들** 우리를 향한 하나님의 진노의 불을 견디심(롬 3:25)
다니엘 "신들의 영"이 있다는 말을 들음(단 5:11~14)	**예수 그리스도** 그분 안에 하나님이 우리의 구원을 위해 주신 지혜가 있었음(고전 1:30)
인자 같은 이 하늘 구름을 타고 다스리러 오실 것임(단 7:13~14)	**인자이신 예수님** 구름을 타고 능력과 큰 영광으로 오실 것임(마 24:30)
바사 왕 고레스 그를 통치자로 택하시고, 성전을 재건하게 하심(사 44:24~45:7)	**예수님** 하나님께 기름 부음을 받은 메시아이자, 성전이심(요 1:41; 2:21)
스룹바벨(여호야긴의 후손) 바벨론에서 고국으로 귀환함(대상 3:17~19)	**예수님(스룹바벨의 후손)** 우리의 포로 됨을 끝내셨음(마 1:12~17)
에스더 자기 백성을 구원하는 "이때"를 위해 왕비로 선택됨(에 4:14)	**예수님** 율법 아래에 있는 자들을 구속할 때가 차매, 태어나심(갈 4:4~5)
에스라 하나님의 율법을 연구해 준행하며 가르치기로 결심함(스 7:10)	**예수님** 하나님의 율법을 포함한 성경이 그분에 관해 증언함(요 5:39, 46)
느헤미야 기도하는 사람이었음 (느 1:5~11; 2:4; 4:9; 5:19; 6:9, 14; 13:14, 22, 29, 31)	**예수님** 기도하는 분이셨음 (마 26:36~44; 눅 11:1~13; 요 17장; 롬 8:34; 히 7:25)
공의로운 해 떠올라서 치료하는 광선을 비출 것임(말 4:2)	**돋는 해이신 예수님** 오셔서 우리를 평강의 길로 인도해 주실 것임(눅 1:78~79)

포로기 시대의 왕들

	왕들	의미	선포한 명령 및 조서
바벨론 제국	느부갓네살 (왕하 24~25장; 단 1~4장)	주의 종으로서 유대 백성을 그들의 죄로 인해 심판해야 했음 (렘 25:9)	• 모든 지혜자를 죽이라고 명령함(단 2:13) • 하나님은 모든 신들의 신이시요, 모든 왕의 주재시며, 은밀한 것을 나타내시는 분임을 고백함(단 2:47) • 왕이 세운 신상에 절하지 않으면, 풀무 불에 던져 넣으리라는 명령을 내림(단 3:10~11) • 사드락과 메삭과 아벳느고의 하나님을 찬송하고, 이같이 사람을 구원할 다른 신이 없으니 하나님을 높이라는 조서를 내림(단 3:28~29) • 지극히 높으신 하나님의 일이 진실하며 그의 행하심이 의로우심을 찬양하고, 온 땅에 행하신 하나님의 놀라운 일을 선포했음(단 4장)
	벨사살 (단 5장)	하나님의 심판으로 바벨론 제국의 마지막 왕이 됨(단 5:25~31)	
바사 제국	메대의 다리오/ 바사의 고레스 (대하 36장; 스 1~4장; 단 6장)	주의 목자로서 포로 생활을 끝낸 이스라엘 백성들로 하여금 귀환해 성전을 재건하게 했음 (사 44:24~45:7)	• 유대 백성들에게 예루살렘으로 돌아가 성전을 건축하라는 조서를 내림(스 1:2~4) • 30일 동안, 왕 외에 어떤 신에게나 사람에게 무엇을 구할 수 없다는 조서를 고치지 못하게 하는 규례를 함께 내림(단 6:6~9) • 나라의 모든 사람은 사자들에게서 다니엘을 구원하신 살아 계신 하나님 앞에서 떨며 두려워하라는 조서를 내림(단 6:26~27)
	다리오 (스 5~6장)	다리오의 조서를 통해 성전을 재건하라는 하나님의 명령이 성취됨(스 6:14)	• 예루살렘에 있는 하나님의 성전을 재건할 것을 확인하며 지원을 약속하는 조서를 내림(스 6장)
	아하수에로/ 크세르크세스 (에스더서)	"이때"를 위해 에스더를 왕비로 삼음 (에 2:17; 4:14)	• 하만의 요청으로 모든 유대인을 진멸하라는, 철회할 수 없는 조서를 내림(에 3:7~15) • 모르드개의 요청으로 유대인을 보호하는, 철회할 수 없는 조서를 내림(에 8:8~14)
	아닥사스다 (스 4장; 7~10장; 느헤미야서)	주님이 왕의 마음에 예루살렘에 있는 여호와의 성전을 아름답게 할 뜻을 두셨음 (스 7:27)	• 다시 조서를 내릴 때까지 예루살렘 성전 건축을 중단하라는 조서를 내림(스 4:17~23) • 에스라와 사람들이 예루살렘으로 돌아가서 제사와 하나님의 율법을 다시 제정하도록 허락하는 조서를 내림(스 7:11~26) • 느헤미야에게 예루살렘으로 돌아가서 그 성을 재건하도록 허가함(느 2:1~8)

부록
2

다니엘의 생애

느부갓네살의 통치 기간
- 다니엘은 포로가 되어 유다에서 바벨론으로 끌려가 그곳에서 교육을 받았고, 왕궁에서 일하게 됨(단 1:3~6)
  - 하나냐와 미사엘과 아사랴도 그와 함께 포로가 되어 바벨론으로 끌려감
- 다니엘은 '벨드사살'이라는 바벨론식 이름을 받음(1:7)
  - 다니엘의 친구들도 '사드락'과 '메삭'과 '아벳느고'라는 바벨론식 이름을 받음
- 다니엘은 왕의 음식과 그가 마시는 포도주로 자신을 더럽히지 않으려고 그것을 대신해 채식과 물을 달라고 요청함(1:8~16)
- 하나님이 네 소년에게 학문을 주시고 모든 서적을 깨닫게 하시고 지혜를 주셨는데, 다니엘은 모든 환상과 꿈까지 깨달아 알게 됨(1:17)
- 다니엘은 왕궁에서 일하며 지혜롭고 총명하게 왕을 보필함(1:19~20)
- 다니엘은 하나님의 지혜로 왕의 꿈을 풀어 해석해 줌(2:26~45)
- 다니엘은 바벨론 온 지방을 다스리는 자리에 오르고 모든 지혜자의 수장이 됨(2:48)
  - 그가 왕에게 요청해 사드락과 메삭과 아벳느고를 세워 바벨론 지방을 다스리게 함(2:49)
- 사드락과 메삭과 아벳느고는 왕이 세운 신상에 절하기를 거부한 탓에 풀무 불에 던져짐. 그러나 하나님이 그들을 구원해 주심(3:8~30)
- 다니엘이 왕의 꿈을 해석해 왕의 교만에 내리실 하나님의 심판을 예언함(4:19~27)

벨사살의 통치 기간
- 원년: 다니엘이 세상에 일어날 네 왕을 상징하는 네 짐승에 관한 환상을 봄(7:1~28)
- 제삼년: 다니엘은 메대-바사의 왕들과 헬라 왕을 상징하는 숫양과 숫염소에 관한 환상을 봄. 가브리엘이 그것을 해석해 주지만 이해하지 못함(8:1~27)
- 다니엘이 왕의 부름을 받아 벽에 쓰인 글씨를 해석함(5:13~31)
- 그 일로 인해 다니엘은 나라의 셋째 통치자가 됨(5:29)

메대의 다리오/바사의 고레스의 통치 기간
- 원년: 다니엘은 예레미야 선지자가 예언한 70년의 끝을 위해 기도하고, 가브리엘이 하나님이 정하신 70이레에 관해 가르쳐 줌(9:1~27)
- 제삼년: 다니엘은 마지막 날과 세마포 옷을 입은 영광스러운 사람에 관한 환상을 봄. 그러나 그 내용을 이해하지 못함(10~12장)
- 다니엘이 바벨론의 고관들을 다스리는 총리로 임명됨(6:1~2)
- 다니엘은 왕의 금령을 무시하고 전에 하던 대로 하나님께 기도함. 결국 정적들에게 고발당함(6:10~15)
- 다니엘은 사자 굴에 던져짐. 그러나 하나님이 구원해 주심(6:16~23)
- 다니엘은 죽어서 평안히 쉬면서 마지막 날에 있을 부활을 기다리라는 말씀을 들음(12:13)

하나님이 귀히 여기신 사람
하나님께 엄청난 사랑을 받은 다니엘은 고향을 떠나 포로 생활을 하는 중에도 하나님께 여전히 신실했습니다. 그는 바벨론 땅에서 복과 피눈물 나는 고생을 동시에 경험했습니다. 하나님은 신실한 그에게 지식과 총명을 주셨으며, 환상과 꿈을 해석할 능력도 허락해 주셨습니다. 그래서 그는 자신을 다스리는 이방 왕을 섬길 수 있었으며 심지어 왕을 꾸짖기까지 했습니다. 그는 "거룩한 신들의 영"이 있는 사람으로 인정받았지만, 지극히 높으신 하늘의 하나님이 자신에게 지혜를 주셨다고 항상 고백했습니다.

믿음의 승리

성경 인물	위협적인 상황	죽음을 두려워하지 않는 믿음	결과
사드락 메삭 아벳느고	왕의 신상에 절하거나 아니면 풀무 불에 던져지거나(단 3:13~15)	"하나님은 우리를 건져내시리이다 그렇게 하지 아니하실지라도 왕의 신상에는 절하지 않을 것입니다"(단 3:16~18)	풀무 불에 던져졌지만, 하나님이 그들을 불에서 구원하셨음(단 3:19~29; 히 11:34)
다니엘	30일 동안, 왕에게만 간구하거나 아니면 사자 굴에 던져지거나(단 6:6~9)	전에 하던 대로 하나님께 기도함(단 6:10)	사자 굴에 던져졌지만, 하나님이 그를 사자들의 입에서 건져 주셨음(단 6:16~23; 히 11:33)
에스더	왕의 부름 없이 자기 백성을 진멸의 위기에서 구하기 위해 왕에게 나아갔고, 그렇게 함으로써 사형에 처해질 수도 있었음(에 4:8~11)	왕후의 자리에 오른 것이 "이때를 위함"인 줄로 믿고, 3일 동안 금식하고 기도한 후에 왕 앞에 나아감(에 4:14~17)	왕의 승인을 받음으로써 자기 백성의 진멸을 막을 수 있었음(에 5~9장)
스룹바벨 예수아 학개 스가랴	성전 재건에 관한 왕의 결정을 위해, 재건 중인 지도자들의 이름이 왕에게 보내짐(스 4:24~5:17)	성전 재건을 계속하며 자신들을 천지의 하나님의 종으로 소개함(스 5:11~16)	왕이 성전 재건을 허락하고, 필요한 경비를 왕실에서 내리게 함으로써 마침내 성전이 재건됨(스 6:1~15)
에스라	바벨론에서 예루살렘으로 가는 여정에 적들의 위협이 있을 수 있음(스 8:21~22)	하나님이 그들을 보호해 주실 것이라고 말하며 왕에게 보호 요청을 하지 않고 하나님의 보호하심을 위해 금식하며 기도함(스 8:21~23)	하나님이 자기 백성을 강하게 하시며, 대적과 길에 매복한 자의 손에서 건지심(스 8:31)
느헤미야	왕 앞에서 수심을 보임으로써 겪을 수 있는 미지의 잠재적 결과 때문에 큰 두려움을 느낌(느 2:1~2)	자신이 슬퍼하는 이유를 설명하고, 하늘의 하나님께 묵도한 뒤 예루살렘으로 돌아가 성을 재건하도록 허락해 줄 것과 재건에 필요한 물품을 요청함(느 2:3~8)	하나님의 선한 손이 도우사 왕이 그의 요청을 허락하고, 그는 예루살렘으로 돌아가 성벽을 재건했음(느 2:8~6:16)
예수님	십자가가 가져올 부끄러움과 죽음(히 12:2)	그 앞에 있는 기쁨을 위해 십자가를 참으사 부끄러움을 개의치 아니하심(히 12:2)	하나님 보좌 우편에 앉으셨음(히 12:2)

부록
4

두 번째 출애굽

"그러므로 여호와의 말씀이니라 보라 날이 이르리니 그들이 다시는 이스라엘 자손을 애굽 땅에서 인도하여 내신 여호와의 사심으로 맹세하지 아니하고 이스라엘 집 자손을 북쪽 땅, 그 모든 쫓겨났던 나라에서 인도하여 내신 여호와의 사심으로 맹세할 것이며 그들이 자기 땅에 살리라 하시니라"(렘 23:7~8).

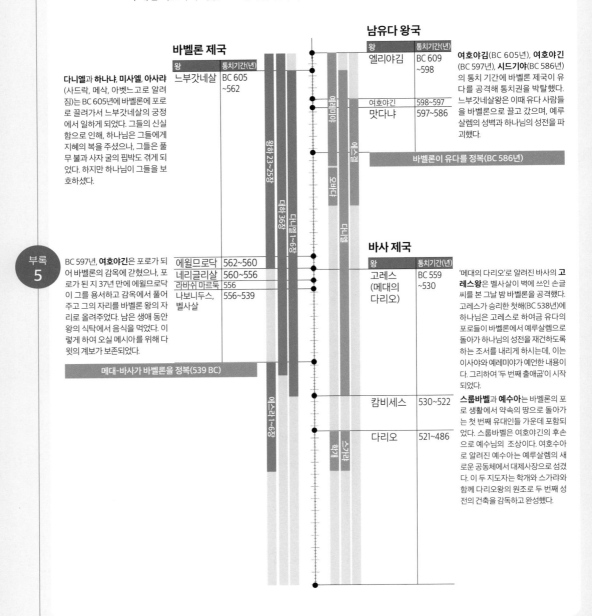

바벨론 제국

왕	통치기간(년)
느부갓네살	BC 605 ~562
에윌므로닥	562~560
네리글리살	560~556
라바쉬 마르둑	556
나보니두스, 벨사살	556~539

남유다 왕국

왕	통치기간(년)
엘리야김	BC 609 ~598
여호야긴	598~597
맛다냐	597~586

바벨론이 유다를 정복(BC 586년)

바사 제국

왕	통치기간(년)
고레스 (메대의 다리오)	BC 559 ~530
캄비세스	530~522
다리오	521~486

메대-바사가 바벨론을 정복(539 BC)

다니엘과 **하나냐, 미사엘, 아사랴** (사드락, 메삭, 아벳느고로 알려짐)는 BC 605년에 바벨론에 포로로 끌려가서 느부갓네살의 궁정에서 일하게 되었다. 그들의 신실함으로 인해, 하나님은 그들에게 지혜의 복을 주셨으나, 그들은 풀무 불과 사자 굴의 핍박도 겪게 되었다. 하지만 하나님이 그들을 보호하셨다.

BC 597년, **여호야긴**은 포로가 되어 바벨론의 감옥에 갇혔으나, 포로가 된 지 37년 만에 에윌므로닥이 그를 용서하고 감옥에서 풀어주고 그의 자리를 바벨론 왕의 자리로 올려주었다. 남은 생애 동안 왕의 식탁에서 음식을 먹었다. 이렇게 하여 오실 메시아를 위해 다윗의 계보가 보존되었다.

여호야김(BC 605년), **여호야긴**(BC 597년), **시드기야**(BC 586년)의 통치 기간에 바벨론 제국이 유다를 공격해 통치권을 박탈했다. 느부갓네살왕은 이때 유다 사람들을 바벨론으로 끌고 갔으며, 예루살렘의 성벽과 하나님의 성전을 파괴했다.

'메대의 다리오'로 알려진 바사의 **고레스왕**은 벨사살이 벽에 쓰인 손글씨를 본 그날 밤 바벨론을 공격했다. 고레스가 승리한 첫해(BC 538년)에 하나님은 고레스로 하여금 유다의 포로들이 바벨론에서 예루살렘으로 돌아가 하나님의 성전을 재건하도록 하는 조서를 내리게 하시는데, 이는 이사야와 예레미야가 예언한 내용이다. 그리하여 '두 번째 출애굽'이 시작되었다.

스룹바벨과 **예수아**는 바벨론의 포로 생활에서 약속의 땅으로 돌아가는 첫 번째 유대인들 가운데 포함되었다. 스룹바벨은 여호야긴의 후손으로 예수님의 조상이다. 여호수아로 알려진 예수아는 예루살렘의 새로운 공동체에서 대제사장으로 섬겼다. 이 두 지도자는 학개와 스가랴와 함께 다리오왕의 원조로 두 번째 성전의 건축을 감독하고 완성했다.

부록 5

성전과 성벽 재건

연도(BC)	사건	성경
538	고레스의 조서	스 1:1~4
537	제단을 다시 만듦	스 3:2~3
536	성전 재건이 시작됨	스 3:8~9
536	성전의 기초가 놓임	스 3:10~13
536~520	성전 재건에 대한 반대	스 4:1~5, 24
520	성전 재건이 다시 시작됨	스 5:1~2
515	성전이 완공되고 봉헌됨	스 6:14~18
458	에스라가 예루살렘에 도착함	스 7:8~10
445	느헤미야가 예루살렘에 도착함	느 2:11
445	예루살렘 주변 성벽이 재건됨	느 6:15
445	에스라가 광장에서 율법을 읽음	느 8:1~12

바사 제국

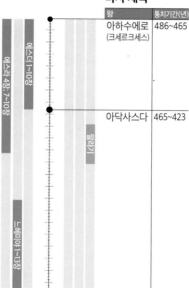

왕	통치기간(년)
아하수에로 (크세르크세스)	486~465
아닥사스다	465~423

에스더와 **모르드개**는 크세르크세스로 알려진 아하수에로왕의 통치 기간에 바사의 수도인 수산성에 거주했다. 이 두 사람은 진멸 당할 위기에 처한 유대인들을 구하는 데 큰 역할을 했다. 유대들의 부림절은 에스더서의 이야기가 그 기원이다.

에스라는 모세의 율법에 정통한 서기관으로, 비느하스와 엘르아살로 이어지는 아론의 후손이다. 하나님의 율법에 순종하고 예배를 회복하기 위해 아닥사스다왕의 도움을 받아 바벨론에서 약속의 땅으로 돌아갔다. 그는 이스라엘에서 하나님의 율법을 연구하고 순종하고 가르치기로 결심했다.

느헤미야는 아닥사스다왕의 술 담당 관원으로 섬겼다. 예루살렘에 남아 있는 자들의 수치에 대한 소식을 듣고, 하나님과 왕의 도움을 얻기 위해 기도했다. 수산궁에서 예루살렘으로 가서 많은 반대에도 불구하고 예루살렘 성벽을 재건하는 일에 전력을 다했다. 왕에게 돌아가기 전에 12년 동안 유다의 총독으로 임명되었다.

예레미야 선지자는 하나님의 백성이 다른 신들을 섬기며, 애굽에서 그들을 구원해 약속의 땅으로 인도하신 한 분 참 하나님을 저버린 죄로 인해 바벨론 땅에서 70년 동안 포로 생활을 하게 될 것이라고 예언했다. 다니엘은 이 예언을 생각하며 기도했을 때, 하나님의 백성과 예루살렘이 온전하게 회복되기 전에, 반역과 죄가 끝나기 전에, '70이레'가 지나야 한다는 것을 환상 가운데 가브리엘에게서 들었다(참조, 9:20~27. - 역주). 고레스의 조서와 다른 왕들의 법령들을 통해 바벨론에서 포로 생활을 하던 유대인들이 귀환하는 두 번째 출애굽이 시작되었다. 그러나 에스라와 느헤미야 두 사람은 유다 땅으로 돌아간 후에도 그들의 노예근성이 계속될 것을 알았다.

자기 백성의 죄를 위해 죽임을 당하시고 모든 백성과 나라와 방언의 사람들로 이루어진 왕국을 다스릴 권세를 부여받으신 메시아, 즉 예수님만이 이 포로 생활을 끝내실 수 있다. 오직 그분만이 죄와 사망의 포로가 된 자기 백성을 약속의 땅으로 인도해 하나님 나라에서 영원한 생명을 누리게 하실 수 있다.

바벨론 문화 엿보기

음식

다니엘과 세 친구들은 더럽혀질 것을 우려해 자신들에게 주어진 음식을 거부하고, 대신 물과 채소를 요구했습니다. 그들은 많은 생각 끝에 그와 같은 결정을 내렸을 것입니다. 그들에게 주어진 음식은 신전에서 오는 것으로 이교도의 신에게 바쳐졌던 것일 수 있었습니다. 그런데 채소는 신에게 바쳐졌을 가능성이 희박했습니다.

음식과 포도주를 삼가는 것은 포로 상태에 있는 자신들의 처지를 한탄하거나 그들을 잡아온 나라의 문화와 관습을 따르는 것을 거부하는 하나의 방법이었을 수 있습니다. 그러나 아마도 그들의 음식 규례에 따른 것이라고 보는 게 가장 적절한 이해일 것입니다.

바벨론 사람들이 즐겨 먹던 특정한 동물들(돼지, 말)은 히브리인들에게는 부정한 것이었습니다(레 11장; 신 12장; 14장). 또한 제대로 된 방법으로 고기의 피를 제거해야만 요리해 먹을 수 있었습니다(레 17:13~14). 부정한 것을 먹거나 부적절하게 준비된 고기를 먹는 것은 죄를 짓는 것으로 부정하고 더럽혀진 상태가 되는 것이기 때문입니다(다니엘 P. 콜드웰).

_ Daniel P. Caldwell, "Life in the Royal Court of Babylon," *Biblical Illustrator* (Summer 2014): 64-65.

금 신상 숭배

바벨론에 포로로 사로잡혀간 다니엘의 세 친구 사드락, 메삭, 아벳느고는 금 신상에 절할 것을 강요받았습니다. 다음의 사실들을 보면, 이 젊은 히브리인들에게 가해진 억압이 엄청났으리라는 것을 짐작할 수 있습니다.

1. 바벨론 도시 근처 두라 평원에 신상이 세워졌습니다(단 3:1). 바벨론 근처 평원은 바벨탑 사건과 바벨탑이 보여 주는 인간의 교만을 떠올리게 합니다(창 11:1~9).
2. 느부갓네살의 광대한 제국에 있던 각계각층의 저명인사들이 모두 낙성식에 초대되었습니다(단 3:2).
3. 느부갓네살은 제국의 모든 사람이 공개적으로 왕에게 충성을 표시하는 시간을 정했습니다(3절). 이것은 국가적, 정치적, 종교적 통일을 위한 큰 행사였습니다.
4. 행사 중 절하는 시간에 웅장하면서도 감성적인 음악이 울려 퍼졌습니다(5절).
5. 엎드리고 절하는 시간까지 정확하게 정해 두었습니다(5절).
6. "엎드려 절하지 아니하는 자"에게는 '죽음의 경고'가 내려졌습니다(6절).
7. 금 신상에 절할 때, 모든 사람이 느부갓네살과 그 우상에 충성을 맹세했습니다(7절)

풀무

풀무는 작은 언덕이나 흙더미 위에 만들어졌는데, 위와 옆에 구멍이 나 있었습니다. 그래서 사드락, 메삭, 아벳느고는 위에서 밑으로 던져졌고, 왕은 옆의 구멍을 통해 풀무 속에 있는 네 사람을 볼 수 있었습니다 (단 3:25).

왕은 풀무 속에서 신들의 아들처럼 보이는 네 번째 사람을 봤습니다. 이는 천사나 성육신하시기 전 성자 하나님의 모습일 수 있습니다. 사드락, 메삭, 아벳느고가 풀무에서 나왔을 때, 느부갓네살과 모든 관원은 그들의 몸에 어떤 영향도 미치지 못했음을 봤습니다. 불이 그들의 옷이나 머리카락도 그을리지 못했을 뿐만 아니라, 불에 탄 냄새조차 나지 않았습니다. 히브리서 11장 34절은 "불의 세력을 멸하기도" 하는 사람을 언급하며 이 놀라운 믿음의 기적을 인용했습니다.

사드락, 메삭, 아벳느고가 구원을 받은 후 느부갓네살은 이스라엘의 하나님이 다른 모든 신보다 위대하심을 깨달았습니다. 그럼에도 불구하고, 그는 유일하고 참된 하나님을 온전히 섬기기보다는 많은 우상을 섬기는 자로 살았습니다.

사자 굴

다니엘은 다리오왕의 금령을 어기고 하나님께 하루에 세 번씩 기도한다는 이유로 고소를 당해 사자 굴에 던져지게 되었습니다. 성경은 사자 굴에 두 개의 입구가 있었음을 암시합니다. 아마도 동물들이 들어가는 입구가 옆에 하나 있고, 먹이를 던져주는 입구가 위에 하나 있었을 것입니다. 다니엘이 옆에서 던져졌든지 위에서 던져졌든지 간에 누군가의 도움이 없이는 나갈 수 있는 방법이 없었을 것입니다. 아마도 그렇게 구출되는 것을 막기 위해 "돌을 굴려다가 굴 어귀를 막으매 왕이 그의 도장과 귀족들의 도장으로"(17절) 봉했을 것입니다. 이렇게 해서 다니엘의 탈출 가능성은 원천 봉쇄되었습니다 (참조, 마 27:66. 조이스 G. 볼드윈).

_ Joyce G . Baldwin, *Daniel* , vol. 23 in *Tyndale Old Testament Commentaries* (Downers Grove: IVP, 2015) [WORDsearch].

* 이 내용은 가스펠 프로젝트 구약 6《돌아온 하나님의 백성》의 '심화학습'에서 발췌한 것입니다.

주 / 1

Session 1

1. Dale Ralph Davis, *The Message of Daniel*, in *The Bible Speaks Today* (Downers Grove: IVP, 2013), 36.
2. Charles R. Swindoll, *Daniel: God's Pattern for the Future* (Nashville: Thomas Nelson, 1986), 17.
3. J. Hudson Taylor, quoted in *Expect Great Things: Mission Quotes That Inform and Inspire*, comp. Marvin J. Newell (Pasadena, CA: William Carey Library, 2013), 89.
4. Heinrich Bullinger, *Daniel the Most Wise Prophet of God*, quoted in *Ezekiel, Daniel*, ed. Carl L. Beckwith, vol. XII in *Reformation Commentary on Scripture: Old Testament* (Downers Grove: IVP, 2012), 247.
5. David Helm, *Daniel for You* (Purcellville, VA: The Good Book Company, 2015), 28.

SESSION 2

1. Nate Saint, quoted in *Introducing World Missions*, 2nd ed., by A. Scott Moreau, Gary R. Corwin, and Gary B. McGee (Grand Rapids: Baker, 2015) [eBook].
2. "How Firm a Foundation," from John Rippon's *Selection of Hymns in Baptist Hymnal* (Nashville: LifeWay Worship, 2008), 456.
3. John Chrysostom, *Homilies on the Statues*, 4.8, New Advent [online; cited 21 April 2016]. Available from the Internet: *www.newadvent.org*.
4. C. H. Spurgeon, "Consolation in the Furnace," *Spurgeon's Sermons Volume 11*: 1865 [online; cited 21 April 2016]. Available from the Internet: *www.ccel.org*.

SESSION 3

1. Johann Wigand, *Commentaries on Daniel*, 12, quoted in Ezekiel, Daniel, ed. Carl L. Beckwith, vol. XII in *Reformation Commentary on Scripture: Old Testament*, 305.
2. Sinclair B. Ferguson, *Daniel*, vol. 21 in *The Preacher's Commentary* (Nashville: Thomas Nelson, 1988) [eBook].

SESSION 4

1. Joel Belz, "Dare to Be a Daniel," WORLD [online], 30 March 1996 [cited 2 May 2016]. Available from the Internet: *www.worldmag.com*.
2. Stephen R. Miller, *Daniel*, vol. 18 in *The New American Commentary* (Nashville: B&H, 2003) [WORDsearch].
3. Tony Evans, *No More Excuses, 10th Anniversary Edition* (Wheaton: Crossway, 1996), 112.
4. Menno Simons, "A Meditation on the Twenty-Fifth Psalm," in *Early Anabaptist Spirituality: Selected Writings*, ed. Daniel Liechty (Mahwah, NJ: Paulist, 1994), 248-49.

SESSION 5

1. "What are thin places?" Thin Places [online], 2014 [cited 3 May 2016]. Available from the Internet: *www.thinplace.net*.
2. Matt Boswell, *Doxology and Theology* (Nashville: B&H, 2013), 15-16.
3. Skye Jethani, *With* (Nashville: Thomas Nelson, 2011), 110.
4. Mervin Breneman, *Ezra, Nehemiah, Esther*, vol. 10 in *The New American Commentary* (Nashville: B&H, 2003) [WORDsearch].
5. Mark D. Roberts, "Thin Places: A Biblical Investigation," Reflections on Christ, Church, and Culture [online], 2012 [cited 4 May 2016]. Available from the Internet: *www.patheos.com*.

SESSION 6

1. Saint Augustine, *City of God*, 1.8, quoted in *The City of God: Books I–VII*, trans. Demetrius B. Zema and Gerald G. Walsh, in *The Fathers of the Church* (Washington D.C.: Catholic University of America Press, 2008), 28-29.
2. William Wilberforce, quoted in *The Life of William Wilberforce*, by Robert I. Wilberforce and Samuel Wilberforce, vol. 5 (London: John Murray, 1838), 318.
3. Mervin Breneman, *Ezra, Nehemiah, Esther*, vol. 10 in *The New American Commentary* [WORDsearch].
4. Ibid.

주 / 2

5. Ed Stetzer, "What You Celebrate, You Become," *Christianity Today* [online], 2 June 2015 [cited 5 May 2016]. Available from the Internet: *www. christianitytoday.com.*

6. Charles Spurgeon, in *2,200 Quotations from the Writings of Charles H. Spurgeon*, comp. Tom Carter (Grand Rapids: Baker, 1996), 13.

SESSION **7**

1. Clement of Rome, 1 Clement 55:3-6, quoted in *1-2 Kings, 1-2 Chronicles, Ezra, Nehemiah, Esther*, ed. Marco Conti, vol. V in *Ancient Christian Commentary on Scripture: Old Testament* (Downers Grove: IVP, 2014) [WORDsearch].

2. Adrian Rogers, Adrianisms: *The Wit and Wisdom of Adrian Rogers*, vol. 1 (Memphis: Love Worth Finding Ministries, 2006), 101.

3. John Wesley, *Wesley's Notes on the Bible*, Christian Classics Ethereal Library [online; cited 13 May 2016]. Available from the Internet: *www.ccel. org.*

SESSION **8**

1. Andrew Murray, *Humility* (New Kensington, PA: Whitaker House, 1982) [eBook].

2. J. G. McConville, *Ezra, Nehemiah, and Esther*, in *The Daily Study Bible Series* (Louisville: Westminster, 1985), 193.

SESSION **9**

1. Jerry Bridges, *I Will Follow You, O God* (Colorado Springs: WaterBrook, 2010), 91.

2. D. L. Moody, "Prevailing Prayer," in *The D. L. Moody Collection*, ed. and comp. James S. Bell Jr. (Chicago: Moody, 1997), 253.

SESSION **10**

1. J. I. Packer, *Knowing God* (Downers Grove: IVP, 1973) [eBook].

2. Amy Carmichael, *If* (United States: Popular Classics Publishing, 2012), 9.

3. John Stott and Christopher J. H. Wright, *Christian Mission in the Modern World* (Downers Grove: IVP, 2015), 27.

SESSION **11**

1. John R. W. Stott, *Culture and the Bible* (Downers Grove: IVP, 1979), 12.

2. Augustine Pagolu, *South Asia Bible Commentary*, ed. Brian Wintle (Cumbria, UK: Langham Partnership, 2015) [eBook].

3. A. W. Pink, "Eternal Punishment," Providence Baptist Ministries [online], 2012 [cited 23 May 2016]. Available from the Internet: *www. pbministries.org.*

SESSION **12**

1. A. W. Tozer, quoted in *Tozer on Worship and Entertainment*, comp. James L. Snyder (Camp Hill, PA: WingSpread Publishers, 1997) [eBook].

2. Matt Papa, *Look and Live* (Bloomington, MN: Bethany House Publishers, 2014), 246.

3. Michael Catt, *The Power of Surrender* (Nashville: B&H, 2010), 150.